西郷隆盛論

その知られざる人物像

堤　克彦

新熊本新書

2

熊本出版文化会館

まえがき

二〇一八年度のＮＨＫの大河ドラマは「西郷《せご》どん」に決定し、俄かに「西郷ブーム」が始まっています。西郷隆盛（一八二八‐一八七七）での視聴率の大幅アップと共に、念頭には西郷隆盛生誕一九〇年、西南戦争一四〇年の年でもあるからでしょう。

日本の歴史を通じて、人気ナンバーワンは坂本龍馬です。日本各地だけでなく、世界各地に「龍馬ファンクラブ」が数多くできていますし、いまも同じ趣旨の「会」がつぎつぎに作られています。

西郷隆盛は坂本龍馬ほどではなくても、全国には「西郷どん、大好き！」の人々や歴女たちがたくさんいます。私のライフワークとしている横井小楠に比べれば、おそらく何百倍もの「西郷ファン」がいることは確かです。西郷隆盛の何がそんなに多くの人々を引き付けるのでしょうか。

西郷隆盛に関しては、数多くの専門的な研究者が、膨大な第一級資料を駆使して、本格的な西郷研究を行なっていますし、これまでもこれからも多くの著作が刊行されると思われます。

今回、拙著『西郷隆盛論―その知られざる人物像』を出版することになりました。私は本来横井小楠研究者で、小楠に関する著書は複数冊、また五〇以上の論文を書いていますが、西郷隆盛に関してはこの拙著が最初です。

何故この「西郷隆盛論」を書くことになったのかと言いますと、横井小楠を研究していく上で、小楠と同時代の人物、例えば勝海舟・坂本龍馬・西郷隆盛・橋本左内、肥後藩では長岡監物・元田永孚などの研究は、小楠を正しく理解するために必要不可欠であり、決して避けて通れません。

歴史はすべて解明されているのではなく、いまだに未知・未解決の部分が数多く残っています。その解明に私なりの視点で取り組むことを決意し、二〇一一年に「熊本郷土史譚研究所」、二〇一五年に「熊本横井小楠研究所」を開設しました。そして解明できた歴史を共有しようと思い、二〇一一年五月以来、月刊「くまもと郷土史譚つうしん」を発行し、現在までに第六六号を数えています。

本著は、この「くまもと郷土史譚つうしん」の最近号で特集したシリーズ「西郷隆盛の真像にせまる」を基に加筆したものです。小楠研究を進める中で、いろいろ知り得た西郷隆盛の人物像を、専門家と違った視点からまとめてみました。これまで出版されている西郷隆盛論とは、一味違った人物像に出会うことになるかもしれません。

二〇一七年三月吉日　　研究所にて

堤　克彦（文学博士）

西郷隆盛論―その知られざる人物像／目　次

薩摩西郷氏の遠祖と出自

はじめに

日本近代史の中での著名な人物名をあげるとしたら、皆さんの脳裏にどんな人名が並ぶのか容易に想像できます。その筆頭には間違いなく西郷隆盛・勝海舟・坂本龍馬が出てきているのではないでしょうか。

私が研究している横井小楠は、勝海舟や坂本龍馬から「先生」と呼ばれたほどの幕末では著名な「公の思想家」でしたが、残念ながら現在、熊本県民の間でも「知る人ぞ知る」、知名度がもう一つの人物です。

ところが西郷隆盛といえば、小学生でさえも知っていますし、「歴女」は当然、それこそ「知らない人はいない」でしょう。多く人々の人気を独占している「超スーパー・スター」級の人物です。幕末・維新期は、西郷隆盛が動かしたというファンもいることでしょう。

また、西郷隆盛に関する関係書籍は数えきれないほど出版されていますので、その人物像が完全に解明されていると思われがちですが、「西郷隆盛像」には、まだまだ不詳の部分がかなり残っているのです。そこで「西郷隆盛の真像にせまる」ことにしてみました。

一、西郷隆盛のエピソード

西郷隆盛は、実にいろいろなエピソードの持ち主です。例えば勝海舟と西郷隆盛の会談によって、江戸城の無血開城が実現したことなどはよく知られています。その勝海舟の『氷川清話』には、「今までに天下で恐ろしいものを二人みた。それは横井小楠と西郷南洲（隆盛）だ」「小楠は能弁で、南洲は訥弁だった」と、常に両者を対比した話が載っています。

さらに「横井は、自分に仕事をする人ではないけれど、もし横井の言を用いる人が世の中にあったら、それこそ由々しき大事だ。（中略）いわゆる天下の大事を負担するものは、はたして西郷ではあるまいかと、ひそかに恐れたよ」といい、また閣老に対して「横井の思想を、西郷の手で行われたら、もはやそれまでだ」と話し、「心配していたのに、はたして西郷は出て来たわい」ともいっています。

その西郷隆盛が、「安政の大獄」で追いつめられ、月照和尚と錦江湾に身を投じましたが、隆盛だけが運よく蘇生、その後、安政六（一八五九）年から文久二（一八六二）年の三ヵ年、奄美大島の龍郷《たつごう》に流謫、その時、島の娘・愛加那《あいかな》と結婚しています。

その頃、西郷隆盛は「菊池源吾」と名乗り、子供には菊次郎と菊草と名付けていま

写真1
「西郷南州先生発祥之地」の碑

す。それは西郷隆盛の祖先が、菊池氏の一族であったからだとされています。しかし、水野公寿氏は『西南戦争と阿蘇』（一の宮町史）の中で、豊前国宇佐郡酒井郷の酒井氏一族説を紹介しています。

現在、七城町西郷には「西郷南州先生祖先発祥之地」の碑（写真1）が建っています。西郷隆盛の祖先が菊池氏一族の西郷氏であったことに因んだものです。即ち、初代・則隆の二男政隆で、菊池郡西郷村の増永城（後に十八外城の一つ）を拠点に、その周辺を開発し、その地名「西郷」を苗字に、西郷太郎政隆と名乗りました。

『新撰事蹟通考』やその他の菊池氏系図などを総合してみると、菊池の「西郷姓」は、則隆―経隆―政隆（西郷太郎）―隆基（西郷太夫）―隆季（西郷三郎）―隆房（西郷四郎）―隆有―能隆―隆泰―隆政（西郷三郎）―政朝（西郷四郎）と続き、その後菊池氏一〇代・武房の長男で、菊池氏一二代・武時の父・隆盛（西郷弥四郎）だけです。

植田均によれば、西郷氏のことは文永・弘安の役を描いた『蒙古襲来絵巻』や水島の戦いを記した『菊池伝記』、天正期に龍造寺隆信の人質になった子供のことを記した『菊隈部軍記』に出ているそうです（「菊池少将に随行して大西郷苗字の地を訪ふ」大正一一〔一九二二〕年一二月二八日付「九州日日新聞」）。

また、薩摩の「西郷家系図」に関して、植田均は建武頃にいた菊池氏の西郷九郎秀範を始祖にしているといい、西郷氏が薩摩に移ったのはいつ頃か定かでないが、「何でも一時嶋原に居て後、薩摩に行ったといふ話もある。これに就ては種々な話もある」（同上）といいます。

童門冬二著の『西郷隆盛』（成美堂出版、一九七八年）の西郷家略系図では、一五代・菊池武光の後裔である西郷九兵衛を始祖とし（七代略）―龍右衛門―吉兵衛―吉之助（隆盛）と続いていています。

また、七城町の増田又彦氏作成の「薩摩西郷家系図」(「尚研究ヲ要ス」の自筆あり)によれば、その西郷九兵衛が「サツマ落ち」をしたのは元禄一五(一七〇二)年のことになっています。

以上のように西郷隆盛の祖先の出自については諸説があり、そう簡単に結論は出せませんが、七城町西郷に、菊池一族の西郷氏の館(増永城)があった伝承は、地元にとっては重要な「町おこし」の要素になっています。

例えば、東京上野にある「西郷さん」の銅像が有名ですが、七城町では以前その「西郷さん」の風貌によく似た大関の武蔵丸を招いて、徳富蘇峰揮毫の「西郷南州先生祖先発祥之地」の碑の前でイベントを行なったという新聞記事を見たことがあります。

二、西郷隆盛の祖先の出身地は「菊池市七城町西郷説」

まず西郷隆盛の祖先の出自に関するいくつかの記述を紹介しましょう。インターネットの百科事典『ウィキペディア』（Wikipedia）の香春建一説は、「隆盛は菊池氏が出自であることを知っていたが、菊池氏のどの家から分かれたかわからないので、藩の記録所にある九郎兵衛（まま、九兵衛）以下のみを自分の系譜としている。九郎兵衛より前は、西郷家の出自とされる増水（まま、増永）西郷氏の系譜に繋いでつくった系譜」となっています。

この香春説にいくらかコメントしておきたいと思います。まず「隆盛は菊池氏が出自であることを知っていた」云々に関して、前掲の大正一一（一九二二）年一二月二八日付の「九州日日新聞」で、植田均は「菊池少将に随行して、大西郷苗字の地を訪ふ」の中で、「維新史上の偉人西郷隆盛の祖は、菊池氏より出たものであるといふ事は、夙《つと》に知られて居た事実で、隆盛自ら菊池に来て、祖先の地を尋ねた事もあり、大嶋に流されて居た時は、菊池源吾といふ名を用ゐた事もある」と記しています。

また一二月二五日付では、「男爵菊池（武男）少将及び大山（巌）侯爵家の猪谷宗五郎翁」、即ち菊池氏や西郷隆盛に近い関係者が、「其根拠地を探るべく」「入菊」していたとあり、これらの新聞記事が香春説の「隆盛は菊池氏が出自であることを知っていた」、即ち隆盛自身も「菊池」を祖先の出身地と考えていた根拠ではないかと思います。

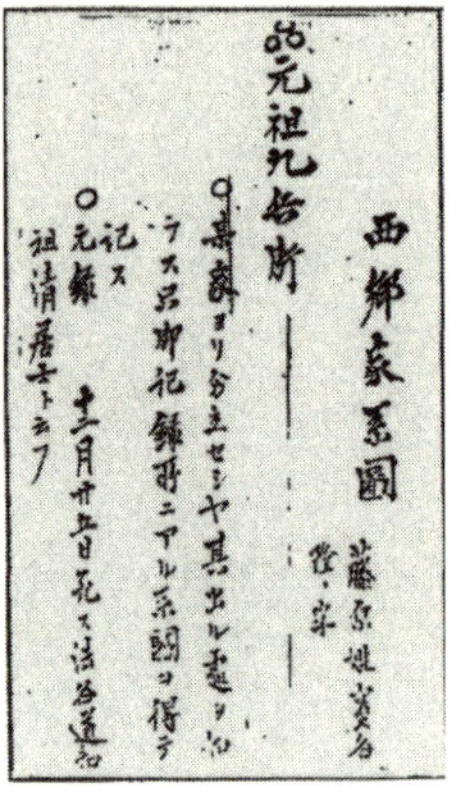

写真２　「西郷家系図」

また、「菊池氏のどの家から分かれたかわからないので、藩の記録所にある九郎兵衛（まま、九兵衛）以下のみを自分の系譜としている。九郎兵衛より前は、西郷家の出自とされる増水（まま、増永）西郷氏の系譜に繋いでつくった系譜」云々の根拠は、『西郷南州史料』所収の「西郷家系図」（全）の「〇元祖九兵衛」の添え書きに、「〇某家ヨリ分立セシヤ、其出ル處ヲ知ラス。只御記録所ニアル系図ヲ得テ記ス。〇元録（まま、禄）（空白）年十二月廿五日ニ死ス。法名道知祖清居士ト云フ」（写真2）と思われます。

また、西郷隆盛研究の定本『大西郷全集』（第三巻、一九二七年）の「傳記」編では、「西郷家の祖先は、南朝の忠臣菊池武光の後裔だと言はれる。隆盛が大島にある頃、自ら姓名を変じて、菊池源吾と言ったのも、或は無意味の変名ではなかったらしい。（中略）此の武光数世の孫に太郎政隆といふがあり、菊池郡増永城（菊池氏外城の一）に居て、西郷を名乗り、子孫相継いで、増永城によってゐた。—今、熊本縣菊池郡加茂川村字西郷に、西郷若宮神宮が祀られてあり、里人の尊崇するところとなってゐる。—此の西郷氏が、元禄年間始めて薩摩の島津氏に仕へた、それが西郷九兵衛、それから九代目の主吉兵衛が大西郷の父君である」と記されています。

『龍郷町誌』（歴史編、一九八八年）には、『西郷南州関係資料目録』によれば、西郷家の祖先は、南朝の忠臣菊池武光の後裔で、この武光の子孫が熊本県菊池郡の増永城に拠点を持ち、代々西郷姓を名乗った。この西郷氏の子孫九兵衛という人が、元禄年間島津氏に使えることになって、その後九代目の子孫が隆盛の父吉兵衛である」と、前掲の『大西郷全集』の「傳記」編を簡略化した紹介となっています。

さらに前掲の童門冬二著『西郷隆盛』でも、「菊池武光の後裔」とされるなど、そのほとんどが「菊池武光（一三二九？〜一三七三）の後裔」説を採用していますが、残念ながら、いずれの説も確固たる論拠がないままに通説化されているようです。

三、「西郷家略系図」の作成

つぎの「西郷家略系図」（表1）は、菊池市七城町の増永又彦氏作成系図と『西郷南州史料』所収の「西郷家系図」によって作成し、歴代の推定年を挿入したものです。後述の「菊池武光後裔諸説」や「西郷太郎政隆後裔説」の説明の都合上、ここに掲載することにします。

表1「西郷家略系図」

【肥後西郷氏の祖】

菊池初代 則隆 ―― 1 西郷太郎 政隆（領西郷） ―― 2 西郷太夫 隆基（祀山崎霊社） ―― 3 西郷三郎（式部） 隆季（山崎紀伊） ―― 4 西郷四郎 隆房（野原西郷住） ―― 5 河内守 基宗（家） ――

6 兵庫頭 基哉（奇） ―― 7 九州武者所 隆邑 ―― 8 左京大夫 基時（安徳帝に扈従） ―― 9 刑部少輔 隆任 ―― 10 伊豆守 隆古 ―― 11 西郷三郎 隆政（博多に蒙古軍と闘い一六人を斬る）一二七四・一二八一年 ――

12 隆運 ―― 13 隆政 ―― 14 乙松丸 隆国（菊池武光に従い諸国に歴戦）一三五五年頃 ―― 15 武治 ―― 16 隆朝（天授年中菊池武朝に従い託麻原に今川軍を討つ）一三七五・一三七八年 ―― 17 政隆 ――

18 隆継 ―― 19 隆永 ―― 20 隆国 ―― 21 政隆（日向に赴く）一五七八年頃 ―― 22 豊後守 隆盛（浪人住増永）一五八七年頃 ――

―― 23 隆定（加藤清正に仕え朝鮮出陣有功）一五九二・一五九七年 ―― 24 敏武 ―― 25 隆純（仕細川氏）一六三二年頃 ――

【薩摩西郷氏】

26 西郷隆盛の祖〔初代〕昌隆（九兵衛）（仕島津氏　薩摩落ち）一六八八 - 一七〇四年 ―― 27（2）吉兵衛（一六九〇年平瀬家より養子）―― 28（3）覚左衛門 ―― 29（4）吉兵衛 ―― 30（5）龍右衛門 ―― 31（6）吉兵衛 ―― 32（7）隆盛

四、根拠の薄い「菊池武光後裔諸説」

すでに見た『大西郷全集』には、具体的に菊池氏の全盛期の「武光数世の孫に太郎政隆」云々と記し、前掲の諸説はすべて「菊池武光後裔説」をとっていますが、どの菊池氏系図でも「武光数世の孫に太郎政隆」云々を裏付ける記述は見当たりません。前掲の「西郷家略系図」には、一五代・菊池武光以降の一七代・二一代に「政隆」の名がありますが、「太郎政隆」ではありません。菊池氏系図で「太郎政隆」といえば「西郷太郎政隆」のことです。

植田均は、前掲の「九州日日新聞」の中で、『新撰事蹟通考』の菊池氏系図から、最初の西郷氏は、一五代「菊池武光の後裔」または「武光数世の孫に太郎政隆」ではなく、初代・菊池則隆の次子「西郷太郎政隆」としています。

その傍証として、私は天正四（一五七六）年に大僧都永秀が作成した「出田家伝来菊池系図」や七城町の故増永又彦氏作成の「西郷家略系図」では、いずれも「西郷太郎政隆」が菊池初代・則隆の次子であったことに注目しています。

菊池初代・則隆の菊池一帯の支配は、最初深川に居城「菊之池城」を構え、その周辺地域を配下に収めた後、直ちに菊池川や迫間川の平野部、特に生産性の高い地域を中心に領有化したと思われます。これは中世の地方武士に共通する支配領域拡大の常道でした。

即ち「西郷」の開発は、本拠地の深川と共に重要な地域と目し、かなり早い時期に、則隆自らが次男の西郷太郎政隆を配置して、増永城を築城させて、菊池一族の支配を強化するための基盤固めに必要不可欠な拠点としたと推測されます。

それが同時に、その後の西郷氏が菊池本家を支援した庶子一族、即ち重要な戦力母体であり、また政治的・経済的背景であったと考えられます。それが文永の役（一二七四年）・弘安の役（一二八一年）を描いた竹崎季長の『蒙古襲来絵詞』に、「西郷三郎隆政」の名が甥の一〇代・菊池武房と共に記されている理由でしょう。

以上のことから、植田均の初代・菊池則隆の次子「西郷太郎政隆説」の方に、より説得力を感じています。同時に前掲の「菊池武光（一三一九？〜一三七三）後裔諸説」

については、その信憑性を含め、これから再度検討する必要があるのではないかと思っています。

五、「西郷太郎政隆後裔説」

その「西郷太郎政隆後裔説」について見ていくことにしましょう。井澤蟠龍の『菊池伝記』には、西郷氏（「西郷家略系図」の一六代・西郷隆朝か）が、天授元（一三七五）年の「水島の戦い」で、一七代・武朝と共に今川了俊（貞世）勢に奮戦していますが、これも『蒙古襲来絵詞』の「西郷三郎隆政」同様、七城の増永城を居城とした西郷氏と思われます。

その後、永正一七（一五二〇）年、大友宗麟の父・義鑑《よしあき》が、弟・重治を菊池二六代・義武として送り込み「肥後守」としました。この時点で「西郷」は大友氏の支配下にありましたが、ただ大永七（一五二七）年頃、菊池義武（重治）は大友宗家の兄・義鑑に叛き、天文二三（一五五四）年一一月自刃、菊池氏は滅亡しました。

『熊本県の地名』（平凡社）の「西郷」の項の記述では、天文一四（一五四五）年一一月二六日付の肥後国内斎藤長実知行分坪付案に「一所　西郷拾伍町分」（「大友家文書録」）、一六世紀前半頃の年未詳一一月一一日付菊池義宗（義武）知行坪付（「津野田文書」）では「西郷内三町」を角田右衛門尉に宛行《あてが》っています。

この資料は兄・義鑑と弟・義武が対立した大永七年以後の文書で、「西郷」を兄・義鑑は斎藤長実に、弟・義武は角田右衛門尉にそれぞれに宛行《あてが》ったと推測されますが、後掲の「天正検地帳」の田畠面積との比較から、「西郷」の田一五町三反二畝余を斎藤長実に、畠三町四反九畝余を角田右衛門尉に、別々に宛行《あてが》ったのかもしれません。

戦国期の西郷氏は、そんな「大友系菊池氏」に仕官し、その功績により「豊後守」の称号を与えられたものと思われます。

天文二三（一五五四）年の菊池氏滅亡後、菊池での大友宗家の勢力は弱まり、菊池氏重臣の赤星親家（道雲）と隈部親永が、阿佐古村内八〇町の所領をめぐって対立し、永禄二（一五五九）年の「合瀬川の戦い」に発展、二〇年後の天正七（一五七九）年には、赤星親隆（道半）と隈部親永の守山城をめぐる攻防戦を展開し、隈部氏の勝利に終わりました。

植田均著『肥後の菊池氏』（嵩山房、一九一八年）には、その前年の天正六（一五七八）年、隈部親永・龍造寺隆信勢に敗れた赤星道半の家老（家臣）・西郷氏（二一代・政隆か）は、息女・りん（一四歳）を龍造寺氏の人質に差し出したと記されています。

このように西郷氏の後裔は、菊池初代・則隆の次子「西郷太郎政隆」を遠祖とし、「西郷」を拠点に領地支配を続けた菊池一族の有力な庶流で、大友系菊池氏の時は豊後守として、その大友系菊池氏の滅亡後は赤星氏の重臣となっていました。

天正一五（一五八七）年、豊臣秀吉は九州平定後、佐々成政に肥後国支配を任せました。同年七月には、隈部親永の守山城は佐々成政に攻め落とされ、隈部親永らは山鹿の城村城に立籠って対峙し、ついに肥後国衆一揆に発展しました。

「西郷家略系図」には、「二十二代豊後守隆盛」、「天正十五（一五八七）年頃、浪人住増永」と記されていますが、おそらく肥後国衆一揆の後、浪人となり、豪農として「西郷」の増永に住んだと思われます。

天正一六（一五八八）年五月、豊臣秀吉は肥後国を二分、北半国一九万五〇〇〇石を加藤清正に与え、六月二七日に隈本城に着任しました。加藤清正は、肥後北半国が肥後国衆一揆の主戦場であったこともあり、入国直前に「七ヶ条定書」を示し、「国中一揆起候といへ共、去年之儀は平百姓之分御免成られ、御検地仰せ付けらる上ハ、前々の如き罷り置き、耕作等如在（落度）なく仕るべき事」（「北里文書」）と、肥後国衆一揆に参加した「平百姓」を許し、検地実施の予告と耕作権の保障、さらに農耕専念を命じています。

この状況の下、二三代・隆定は加藤清正に仕官、朝鮮出陣（「文禄・慶長の役」）で武功をあげ、二四代・敏武も仕官しましたが、加藤忠広の「改易」（御家断絶）により再び浪人となり、二五代・隆純は細川氏入国時に仕官したと考えられます。

その後、二六代・昌隆（九兵衛）の時、元禄一五（一七〇二）年に島津氏に仕官（肥後では「薩摩落ち」といった）し、「薩摩西郷家」の初代となりました。ただ二七代・吉兵衛は、それ以前の元禄三（一六九〇）年一二月四日に、平瀬家から西郷家初代の昌隆（九兵衛）の養子に入り、西郷家の二代として、直接西郷隆盛に繋がる祖先になりました。

六、「西郷」地域からの傍証

1、「西郷」の検地帳の分析

「西郷」に関しては、天正一七（一五八九）年・慶長九（一六〇四）年・慶長一一（一六〇六）年の「検地帳」が現存しています。その三つの「検地帳」の分析・検討によって、戦国末から江戸初期頃の「西郷」の村高・田畠面積及び「名請人」（高持百姓）について考察してみました。（表2）

表2　三つの「検地帳」

（A）天正一七（一五八九）年二月 菊池郡之内西郷村田畠御検地御帳	（B）慶長九（一六〇四）年九月 九州肥後國菊池郡内西郷村	（C）慶長一一（一六〇六）年一〇月 菊池郡之内西郷村田畠御検地御帳
分米二一六石六斗余 田一五町三反二畝余 畠三町四反九畝余	分米一二一六石六斗余 田八九町二反三畝余 畠一九町五反六畝余	分米二八一石余 田二〇町六反三畝余 畠三町四反九畝余

この三つの「検地帳」（A）（B）（C）に共通する「名請人」（高持百姓）の名は、九郎丸・おりべ（織部）・庄屋・三郎丸・与十郎・半介・五兵衛・惣右衛門尉・こす郎・藤五郎・杢左衛門尉・源十郎・弥三郎・干介・弥九郎・源右（左）衛門尉・はね木・弥左衛門尉・九郎兵衛・弥介・帯刀・九郎・与介・新介・正けん（将監）・藤右（左）衛門・次郎左衛門尉・刑部左衛門尉・弥右衛門尉・主殿・いわ（岩）松・刑部・左京でした。そのうち「屋敷持」（屋敷七軒〔所有者六〕）は、五兵衛・杢左衛門尉・惣

右衛門尉・源十郎（二ヵ所）・与介・左京で、「検地帳」の記載名が通称とも考えられますが、「豊後守隆盛」の名はありません。

「豊後守隆盛」は、天正一五（一五八七）年頃、浪人として増永に居住しましたが、その翌年、加藤清正の入国直後に仕官、そしてこの三つの「検地帳」作成時には、「西郷」一帯の「大庄屋」か「検地役人」の役職にあったのではないかと考えていますが、如何でしょうか。

2、「西郷」の寺社

『肥後国誌』によれば、「西郷」村の周辺には、羽根木村の「八幡宮」（「菊池氏始祖大夫将監則隆建立ト云傳フ」）、蟹穴村の「稲荷宮」、五海村の「稲荷大明神」、そして「西郷」村には、「若宮大明神社」と「地蔵院」（開基不分明、西郷太郎の菩提寺説あり）がありました。

『菊池風土記』には、「若宮、西郷村に在り。西郷太郎（政隆）勧請、昔は西郷・五海・羽根木・蟹穴の惣氏神にして祭りしを、其後村限の祭り初《はじま》り、氏神立てしか共、今に古例残り、五海・羽根木・蟹穴より作初穂を備る」と記されています。

西郷氏の始祖・西郷太郎政隆が勧請した「若宮神社」は、西郷・五海・羽根木・蟹穴の四ヵ村に及ぶ「惣氏神」であったことは、西郷太郎政隆の支配領域を示しています。

西郷太郎政隆の支配地「西郷」には、父・則隆建立の「羽根木八幡宮」（『菊池風土記』「山城国岩清水の勧請」）と兄・菊池右近大夫経隆（出田の若宮神社建立）にも関係の深い「若宮神社」（同「鎌倉御霊の宮勧請」）を祭ったことは、菊池氏の領地支配権上で重要な地域の証となります。

3、「西郷」の地名

最後に「西郷」の地名について、歴史的な検証をしてみたいと思います。前掲の大正一一（一九二二）年一二月二八日付「九州日日新聞」の中で、植田均は「西郷」に関して、「元来菊池は上古（古代の意）穴郷・西郷に二大別せられて居たといふ説もある」と記しています。

また『地名用語語源辞典』（東京堂出版、一九八三年）では、「西郷」地名は、①親村から子村が分村した時、その出た方角（西）による地名、②中世の「郷」の領域の西の部分を示す地名と説明されていますが、この「西郷」の場合は②の意味を持った地名と考えられます。

明和九（一七七二）年の森本一瑞著『肥後国誌』（上巻）によれば、菊池郡深川・河原手永は、おそらく中世または近世初期には「北通郷」・「中通郷」・「南通郷」に三つに分かれ、「西郷」村は、深川村と同じ「中通郷」に属し、五海村は「西郷村ノ内」と記されています。

村の起源を考える時、最初にできた集落の字名は「元屋敷」・「居屋敷」など「本村」として「分村」（「枝村」）に対して確固たる地位を示すものでした。しかし、「分村」との方角関係を重視し、「東・西・南・北」を「屋敷」に付けることもありました。

例えば、七城町大字砂田の小字には「東屋敷」(蟹穴)・「西屋敷」(西郷)・「南屋敷」(五海)・「北屋敷」(羽根木)と、いずれも方角の付いた「小字」になっています。なお(　)内は同地域の村名で、いずれも歴史的にかなり古い地名です。

これらの中で最も古いのが、史料上「五海」と「蟹穴」です。特に「五海」は、奈良時代の東大寺大仏殿の西回廊脇から出土した一二六〇年ほど前の木簡に記された「肥後国菊地(まま、池)郡□(子)養郷」の「子養」に比定される地名です。

一〇八〇年ほど前の平安中期の承平年間、源順編『倭名類聚鈔』にある肥後国菊池郡の郷名として、「城野」(木野)・「水島」(水島)・「辛家」(加恵)・「上甘」(蟹穴)・「子養」(五海)・「日理」(輪足・亘)・「山門」(岩本?)・「柏原」(柏・原)の九郷が記されています。

その郷名について、享和元(一八〇一)年に渋江松石は、『肥後郷名考』の中で、例えば「〇子養　こかい。今ハ濁りて、ごかいといふ。因て今ハ五海と書」というように、それぞれに推定理由を付け、前記の(　)内の村名に比定しています。

前の菊池郡九郷のうち「水島」（水島）・「辛家」（加恵）・「上甘」（蟹穴）・「子養」（五海）の四郷までが、七城町に集中しています。これらの郷名は、一三〇〇年前の奈良時代の条里制（七一五年）の遺構と重なり、その当時からかなり発達していた地域と考えられます。

そして六六〇年ほど前の南北朝時代に、新たな集落として「羽根木」と「西郷」が出来ました。それは、「羽根木」の「八幡宮」が「菊池氏始祖大夫将監則隆建立ト云」（『肥後国誌』）と伝えられていること、「西郷」には菊池氏庶子・西郷氏の居城増永城があり、「若宮神社」は西郷太郎政隆の勧請で、「地蔵院」は菩提寺との伝承があることでわかります。

おそらく初代・菊池則隆の次子・太郎政隆がこの地域の領地化し支配し始めた段階で、これまでの「五海」（子養）を「南屋敷」、「蟹穴」（上甘）を「東屋敷」、「羽根木」を「北屋敷」、「西郷」を「西屋敷」の字名にしたと思われます。

そして「西郷」に居城・増永城を築城したことから、その地名を苗字（姓）として西郷太郎政隆を名乗り、「肥後西郷家」の始祖となったものと思われます。

おわりに

西郷隆盛の出自に関する二説、「菊池武光（一三一九?〜一三七三）後裔諸説」と「西郷太郎政隆説」について検討してきました。特に後者に関しては、「西郷」地域と西郷太郎政隆の歴史的関係の深さに着目して、かなり詳しく論じてみました。

最初に述べたように、西郷隆盛に関する関係書籍や研究は数えきれない程ですが、その人物像が完全に解明されているかと言えば、まだ不詳・未解決の部分がかなり残っているのは確かです。

西郷隆盛の変名「菊池源吾」

はじめに

薩摩西郷家の遠祖は諸説のような「菊池武光後裔」説ではなく、「西郷太郎政隆後裔」説と考えますと、西郷隆盛の祖先の出身地として、植田均の「菊池市七城町西郷」説は、それなりの信憑性があると思っています。

さて西郷隆盛の変名「菊池源吾」について考えてみたいと思います。西郷隆盛は奄美大島の龍郷に流謫された時、「菊池源吾」と名乗っていました。「薩摩西郷家」の出自が、植田均の「西郷」（現・菊池市七城町西郷）説を根拠に、西郷隆盛の変名「菊池源吾」は「菊池は吾が源」という意味で使われた変名とされてきました。

現在、菊池市ではあまり論考されず、充分説得するだけの根拠を見出せないままに、変名「菊池源吾」が町おこしに利用されています。西郷隆盛が一体どの時期にどのような理由で変名・改名したのかについて、その経緯とその根拠となる関係資料に基づき、その時代背景を繙いてみたいと思います。

一、「西郷隆盛」は実名か

皆さんは「西郷隆盛の実名は？」と聞かれたら、自信をもって答えられますか。逆に「どうしてそんな変な質問をするのか。当然、西郷隆盛に決まっているではないか。愚問すぎる」と怒られそうですが、あえて「西郷隆盛の実名は」と問うことにしました。

この「西郷隆盛の実名」に関して、以前、鹿児島県立図書館で二つの小論を入手しました。一つは宮下満郎氏の「西郷の実名隆盛について」（南州顕彰会誌『敬天愛人』創刊号、一九九三年）であり、もう一つは山田尚二氏の「西郷隆盛の名前と署名」（同前、第二号、一九九四年）です。なかなか面白いので、その一部を紹介します。（ ）は引用者注です。

1、宮下満郎氏の「西郷の実名隆盛について」

宮下満郎氏は、故黒田清光氏の談話「西郷さあはなあ、あや隆盛ぢゃなかったとごあんさあ。辞礼（辞令）を書っとき、本人がそけ居いもさんかったや、書記が西郷さあん名前を聞いたや、誰も知らんかったとござすと、そいで、誰か知らんかち聞いたや、そべ居った税所《さいしょ》篤《あつし》か誰かが、あや隆盛ぢゃったが、ち言うたとお、そいでなあ、隆盛になったとでごあんさあ」を紹介しています。

即ち「西郷さんは隆盛という名ではなかった。辞令作成の時、西郷本人が側にいなかったので、書記が西郷さんの名前を聞いたが、誰も知らなかった。そこで誰か知らないかと聞いたら、側にいた税所篤か誰かが隆盛だったと言った。それで隆盛になった」というのです。

さらに宮下氏は、小田正治氏から教示された石神今太編『南州翁逸話』所収の「隆永と云ふ名乗に就て」を見ると、貴族院議員・川上親晴の談話筆記があり、川口雪蓬の話に「隆盛ではなくて『隆永』がほんたうだよ。此隆盛と云ふ実名に就ては面白い由来があるよと云った」とあったことや、つぎのような談話も掲載しています。

「先生（西郷隆盛）が奥羽の戦争から帰られし後（明治二〔一八六九〕年六月）、朝廷の御召事があって、宮内省から御召状を出されることになった。其時係りの役人から先生の実名を大久保（利通）公に問はれしに、公は知らぬと答へられたから、更に吉井幸助（友実）さんに尋ねられたら、慥《たし》か隆盛であったと答へられた。そこで宮内省の御召状には、西郷隆盛と認め贈られたので、それから翁も、御召状の御指名《なざし》を今更改むる訳にも参らぬ、と云って、其後は『隆盛』と名乗られ、『隆盛』と云ふ名は、吉井幸助さんあたりが勝手につけられたのである事を申された」

2、山田尚二氏の「西郷隆盛の名前と署名」

また、山田尚二氏はこの中で、「明治になると、隆永となり、石碑等にも西郷隆永と誌している。隆永が明治政府から正三位を与えられた時（明治二年九月）、父の名の隆盛に間違えられたことは有名である。隆永自身の隆盛の名の使いはじめは、位階辞表を書いた明治三（一八七〇）年三月であった」と記しています。

3、江戸期の「改名」・「変名」・「襲名」

江戸期の人物を研究する時、非常に厄介なのが「改名」と「変名」、それに「襲名」です。「改名」と「変名」は同一人物かどうか、「襲名」は親（先代）なのか本人のか。それらを確定するのが一苦労です。加えてもう一つ考慮しなければならないのが「人名」の表記です。

江戸期の人名は、本人か親族以外しか命名された正確な漢字をほとんど知っていません。他人はすべて呼ばれる名前（声音）で判断し、それに聞いた者が適当な漢字で以て、勝手に表記していますので、その漢字はその人によって違い、まちまちの場合が多くあります。

　例えば坂本龍馬の場合、本人の書翰では「龍馬」と署名していますが、元治元（一八六四）年八月二六日付の横井小楠の甥・左平太の書翰を見ると、「坂本良馬」が三回、「龍馬」が一回使用されています。即ち、声音の「りょうま」に「良馬」や「龍馬」の漢字が当てられています。しかし、この例から、「龍馬」は決して「りゅうま」とは読まなかったことが判明します。

二、西郷隆盛の変名の推移とその時期

　江戸期の人物は有名無名を問わず、幼名・通称（通り名）・諱《いみな》（生前の実名）・号（雅号）・諡《おくりな》（死後の称号・戒名）を持っていました。西郷隆盛の場合は、幼名・小吉、やや長じて吉之介、通称（通り名）に吉兵衛・吉之助、諱・隆永、維新後は隆盛、雅号

は南洲、諡は南州寺殿威徳隆盛大居士で、変名は西郷三助・菊池源吾・大島三右衛門でした。

つぎの「西郷隆盛の変名の推移とその時期」(表1)は、『大西郷全集』第一・三巻(平凡社、一九二六年)、『西郷隆盛全集』第一巻(大和書房、一九七六年)や前掲の『敬

表1 西郷隆盛の変名の推移とその時期

時期	区分	名	備考
嘉永元(一八四八)年	通称	**西郷吉之介**	
→ 嘉永五(一八五二)年	併用	**西郷吉兵衛・西郷吉之助**	
→ 安政五(一八五八)年一〇月	変名(改名願・公的)	**西郷三助**	(蘇生直後一〇日程)
→ 安政五(一八五八)年一一月	変名(改名願なし・私的)	**菊池源吾**	(奄美大島龍郷在)
→ 文久元(一八六一)年一二月	変名(改名申請書)	**大島三右衛門**	(徳之島在)
→ 文久二(一八六二)年八月	変名	**大島吉之助**	(沖永良部島在)
→ 元治元(一八六四)年一〇月	復姓	**西郷吉之助**	
→ 慶応三(一八六七)年	使用開始	**西郷隆永**	
→ 明治二(一八六九)年六月	使用開始	**西郷隆盛**	

表2　西郷隆盛書翰の時期と差出署名の推移

時期	時代	改名・変名
幼名・通称	嘉永元（一八四八）年頃まで	西郷吉之介
併用	嘉永五（一八五二）年	西郷吉之助・西郷吉兵衛
島津斉彬勤仕期	安政元（一八五四）年～同五（一八五八）年	西郷吉兵衛
勤王志士期	安政五（一八五八）年一月～同年一二月	吉之助→吉兵衛→三助
奄美大島流謫期	安政六（一八五九）年一月～文久二（一八六二）年三月	菊池源吾→大島三右衛門
徳之島・沖永良部島流謫期	文久二（一八六二）年六月～元治元（一八六四）年一月	大島三右衛門→大島吉之助
禁門の変前後	元治元（一八六四）年三月～同年八月	大島吉之助
長州征伐期	元治元（一八六四）年八月～慶応元（一八六五）年一月	大島吉之助→西郷吉之助
王政復古運動期	慶応元（一八六五）年二月～慶応二（一八六六）年一二月	西郷吉之助
大政奉還前後期	慶応三（一八六七）年八月～同年一二月	西郷吉之助・西郷隆永
戊辰戦争期	明治元（一八六八）年一月～同年一〇月	西郷吉之助
明治維新参与期	明治二（一八六九）年三月～同四（一八七一）年六月	西郷吉之助→西郷隆盛（一回）
明治政府期	明治四（一八七一）年七月～同六（一八七三）年一〇月	西郷吉之助と西郷隆盛の併用
征韓論政変後期	明治七（一八七四）年八月～同九（一八七六）年九月	西郷吉之助
西南戦争期	明治一〇（一八七七）年二月～同年九月	陸軍大将西郷隆盛（二回）、西郷吉之助

天愛人』などから作成しました。この表から西郷隆盛が数多く「改名」し、いくつかの「変名」を持っていて、その時々に相応しい使い分けをしたことがわかります。

もう少し詳しくするために、『大西郷全集』第一・二巻によって、「西郷隆盛書翰の時期と差出署名の推移」（表2）を作成してみました。

少し解説を加えておきたいと思います。西郷隆盛の幼名・通称は、嘉永初め頃まで「西郷吉之介」でしたが、嘉永五（一八五二）年「ペリー来航」の前年頃には「西郷吉之助」と「西郷吉兵衛」を併用しています。そして安政元（一八五四）年四月、藩主・島津斉彬の信任を得て「御庭方役」（相談役）として勤仕する頃には、「吉之助」から西郷家の先代たちが襲名してきた「吉兵衛」に改名しています。

ところが、藩主・島津斉彬が安政五（一八五八）年七月一五日に急死、やがて安政五年九月から翌六年にかけて、開国派の井伊直弼大老による尊王攘夷派の弾圧、所謂「安政の大獄」が始まりました。西郷隆盛は斉彬の訃報を京都で受け、鹿児島の墓前で殉死を決意しましたが、それを京都清水寺の尊攘派の僧月照（忍向）に止められました。

写真１　西郷隆盛蘇生の家

その月照にも幕府の追手が及ぶと、西郷隆盛は月照をかばいながら、鹿児島に帰藩しましたが、斉彬死後の薩摩藩での月照への処遇に失望、命の恩人の月照と共に、同年一一月一六日暁に錦江湾に入水しました。同船の平野国臣らに救助されましたが、月照は溺死、西郷隆盛一人が蘇生しました。（写真1）

蘇生した西郷隆盛は身を隠すために水死したことにして、「三助」と変名しました。その理由は後述します。しかし幕府の容赦のない執拗な追及は避けがたく、安政六（一八五九）年一月、薩摩藩は西郷隆盛に奄美大島の龍郷への流謫《るたく》（罪によって遠方に流されること）を命じました。それを機に「菊池源吾」に改名（変名）しました。

その後、西郷隆盛は三年後の文久二（一八六二）年一月に、島津久光の上京出府にあたり、奄美大島の流謫を許され、鹿児島に戻ることを許されましたが、間もなく島津久光の逆鱗に触れ、文久二年六月、今度は徳之島、さらに沖永良部島に遠島、厳しい囲牢での不自由な流謫生活を強いられました。

この時点で、西郷隆盛は「菊池源吾」から「大島三右衛門」に変名し、大島流謫の解除直後の文久二年三月から八月まで「大島三右衛門」と名乗っています。さらに同年閏八月からは「大島吉之助」に変え、その後、元治元（一八六四）年三月の「禁門の変」前後から第一次長州征伐頃まで使用しています。

第一次長州征伐後は、「大島吉之助」から最初の通称「西郷吉之助」に改名し、それ以後は慶応元（一八六五）年の王政復古運動期、慶応三（一八六七）年の大政奉還前後では諱の「西郷隆永」を使用、さらに明治元（一八六八）年の戊辰戦争期までの四年間は「西郷吉之助」のみを使用しています。

しかし、慶応三（一八六七）年二月、横井小楠門弟の「熊本社中」から小楠の二甥・左平太及び大平宛の書翰には、「薩より大嶋（大嶋吉之助）・小松（小松帯刀）列出京」

云々の文言があり、「西郷吉之助」と改名したこの時期でも、「大嶋」の変名は通用していたことがわかります。

明治二（一八六九）年の明治維新参与期も「西郷吉之助」の名を主としていますが、前に紹介したように、一回だけ「西郷隆盛」を使用していたようです。明治四（一八七一）年七月から同六（一八七三）年一〇月間の明治政府期には「西郷吉之助」と「西郷隆盛」を併用、公的な場合は「西郷隆盛」、私的には「西郷吉之助」と使い分けていたと思われます。

明治六（一八七三）年に征韓論政変で下野し、鹿児島在住期はずっと「西郷吉之助」を使用、それは明治一〇（一八七七）年の西南戦争期でも同様でした。ただ明治一〇年二月の鹿児島県令・大山綱良宛の「県庁への届書」と同月一五日の熊本鎮台司令長官・谷干城への「照会書」の二回だけは、明治政府での官職名「陸軍大将西郷隆盛」を使用しています。

三、西郷隆盛の「変名法則」

つぎに西郷隆盛の「菊池源吾」への変名は、単なる思いつきなのか、それともその変名には何らか根拠らしいものがあったのかについて、以下のような考察を試みてみました。

1、変名の「菊池源吾」による書翰

西郷隆盛が変名「菊池源吾」を使用した書翰は、前掲の『大西郷全集』第一巻では九通、『西郷隆盛全集』第一巻には一〇通が収録されています。これらの書翰の内容については、後日に検討を試みたいと思っています。

「菊池源吾」の変名は、後述のように藩命による公的なものではなく、まったく隆盛自身が私的に名乗った変名でした。藩家老の新納《にいろ》駿河はそのことを知っていましたが、城代家老・島津豊後宛の書翰には「但し三助（西郷隆盛の変名）儀、菊池源吾と変名申し付

け候」（『大西郷書翰大成』）と、あたかも藩命による変名であるかのように認めています。

山田尚二氏は、前の「西郷隆盛の名前と署名」で、西郷隆盛の自筆系図に「安政五（一八五八）年戊午十二月晦日、故アリテ菊池源吾ト姓名ヲ変シ、大島（奄美大島）ニ流寓セリ。其ウチ一男一女ヲモフケタリ」の書込みがあることを紹介し、西郷自身は「故アリテ」変名「菊池源吾」を使用したことを明らかにしています。

この「故アリテ」はどう解釈すればよいのでしょうか。「菊池源吾」の直前の「西郷三助」は、安政五年一二月一九日の長岡監物宛の一通だけの変名であり、同年「戊午十二月晦日」には「菊池源吾」の変名を使い始めていますので、わずか一〇日程の使用でした。

超短期間の変名の使用と変換は尋常ではありません。余程の「故アリテ」だったのでしょう。それは「奄美大島の龍郷流謫」決定の藩命を受けたことと思われます。急遽「西郷三助」を取り止め、明確な意図を以て「菊池源吾」に変名したことがわかります。

2、西郷隆盛の変名のつけ方には一定の法則が見出せる

おそらく西郷隆盛は常に複数の変名候補を持っていたと思われますが、その中から、何故「菊池源吾」という変名を選んだのでしょうか。単なる思い付きかというとそうではなく、隆盛自身は変名に関する一定の法則を持っていたのではないかと思われる節があります。

結論から言うと、「一定の変名法則」があったと考えています。その好例として、「西郷三助」もありますが、ここでは「大島三右衛門」の変名をみてみます。西郷隆盛は「菊池源吾」に変名して、奄美大島の龍郷で三年間の流謫生活を余儀なくさせられた経緯があります。

その体験から変名「大島三右衛門」の姓「大島」は、奄美大島の「大島」、名の「三右衛門」は流謫三年間を意味したものと考えてみました。即ち西郷隆盛にとって、変名の根拠は変名直前の「実体験」の印象の強弱と得心の有無が大きく関係すると推測してみました。

3、変名「菊池源吾」の実体験

そうすると、「菊池源吾」の変名の根拠は、藩命による奄美大島龍郷への流謫が決定した直近の西郷隆盛の「実体験」が重要になります。それは一体何だったのでしょうか。

安政五（一八五八）年に井伊直弼大老による「安政の大獄」が始まる前年、即ち安政四（一八五七）年の西郷隆盛の動向に注目しました。西郷隆盛は、同四月、藩主・斉彬の参勤交代の復路、即ち帰藩に随行していましたが、途中の熊本で藩家老・長岡監物を訪問し、時事を談じています。

その後、西郷隆盛は江戸出府途上の同一一月四日に肥後・熊本滞在をしています。その期間は複数日と思われますが、藩家老・長岡監物や実学連の藩士ら一〇名と会っていました。

その頃の肥後藩では、一六〇年間続くことになる渋江私塾の下で、菊池文教は驚くほど隆盛でした。その主目的は「古学」（徂徠学）の学統継承と歴代菊池氏の事蹟と顕彰であり、後者の知識はすでに常識となり、その顕彰は数多くの門弟たちに万遍なく浸透していました。

天保期以降の肥後藩の藩校・時習館では学校派・実学派を問わず、藩士はそれぞれ尊王攘夷論者を自認、その指標が「歴代菊池氏」でした。また、菊池の「野老」(田舎の老人)たちも、南北朝期の菊池氏の事績を誇らしく語り、「生まれながらにして五位」と自慢していました。

そんな肥後藩の藩風は安政期も同様でした。西郷隆盛と親交関係にあった長岡監物やその社中との懇談中で、「肥後西郷家譜」と「薩摩西郷家譜」の関係が話題となったとしても、決しておかしくはなかったと思われます。

宴たけなわになった折、長岡監物か実学連の藩士の誰かが、西郷隆盛に「肥後西郷家」出自の地、菊池の「西郷」探訪を提案し、西郷隆盛が非常に興味を示し、初めての体験でもあるのですぐに同意し、彼らの案内で「西郷」行きが実現したことも考え

られます。（写真2）
　残念ながら、現在それを裏付ける地元案内役の庄屋や同行した藩士らの日記・記録などの古文書がまだ発見されていません。乞う御教示。
　西郷隆盛自身、この探訪以前に「薩摩西郷家」の先祖が肥後の菊池氏の出で、九代前の昌隆（九兵衛）が「薩摩落ち」して、元禄期に島津氏家臣となり、それから西郷隆盛の家系が始まっているという確信があったと思われます。

写真2　西郷政隆ゆかりの増永城址

　以上のような背景があったので、西郷隆盛の「実体験」としての「西郷」探訪は忘れ難く、強く印象に残り、新しい変名「菊池源吾」を考え付く契機となったことでしょう。「菊池源吾」の「菊池」は「薩摩西郷家」の出自・遠祖の菊池氏の意、「源吾」は隆盛自身もその遠祖は「肥後西郷家」を出自とするという強い自覚があって、余計に醸成されたと思われます。

また、奄美大島の流謫時代、「菊池源吾」と島妻の「愛加那」の間にできた子供の名に「菊次郎」・「菊草」（後に菊子）と、意識的に「菊」の文字を用いました。このことも西郷隆盛自身が変名「菊池源吾」に寄せる思いの強さを垣間見ることができます。

四、西郷隆盛の変名「西郷三助」・「菊池源吾」と時代背景

これまで西郷隆盛の改名・変名の移り変わりを中心に見てきました。これからは、前掲のような素描的ではなく、西郷隆盛が置かれていた時代の下で遭遇したどのような出来事が影響して、どのような改名・変名を使用したか、その現れ方を具体的に当時の文献資料で見ていきたいと思います。

安政四（一八五七）年頃の西郷隆盛は先代の「西郷吉兵衛」を名乗り、薩摩藩で最

も重要な人物の一人として活躍していました。安政四年五月から六月にかけて、九州各地を遊歴した越前藩士・村田氏寿は、その著『関西巡回記』に西郷吉兵衛と直接面会した時の様子を、「西郷吉兵衛、御供番相勤め、江戸役に付、国許にては間隙の由、江戸表にては薩公より内密の御用承り、極めて御懇意に成られ、仲間へも知らせず、極々御内証にて御逢ひこれ有る由」と記しています。

即ち西郷吉兵衛は、江戸では薩摩藩主・島津斉彬の「御供番」（「御庭方役」、相談役）として、非常に斉彬に信頼と懇意を受け、内密な用事さえも承り、また内緒で会うこともできる立場にありましたが、一方、薩摩藩ではまったく閑職同然でした。

その西郷隆盛と肥後藩家老・長岡監物について、元田永孚はその著『還暦之記』の中で「大夫（監物）ノ賢名世ノ知ル所ニシテ、薩ノ西郷吉之助・鮫島少助（正介）等往々大夫ノ門ニ至リ、荻子（角兵衛）亦交ヲ容ル」と記しています。同年一一月四日、西郷隆盛は江戸出府の途中に肥後・熊本に滞在し、その時「実学連」の首領・長岡監物やその社中の一〇名、即ち荻覚（角）兵衛・津田山三郎・沢村城左衛門・同城助・

神足《こうだい》十郎助・原田作助・平山大九郎・村上鹿之助・鹿子木太太郎らと面会しています。長岡監物は「肥後実学」の祖・平野権九郎（深淵）の著『程易夜話』『程易随（まま、雑）話』を贈っています。《西郷隆盛全集》第四巻

なお、『改訂・肥後藩國事史料』第二巻（鳳文書翰、一九九〇年復刻）には「安政丁巳四年十一月四日、長岡監物西郷吉兵衛に託して、書を橋本左内に贈る」の項で、「薩摩藩西郷吉兵衛は江戸に赴くの途次、熊本に止り、長岡是容を訪ひ、時事を謀議したり。是容喜て、其肺肝を吐露し、各藩志士相呼應して、國事に盡瘁すへきを誓ひ、越前藩士橋本左内の為人を称揚す。是容既に其の有為の人たるを知る。今又西郷の言を聞き、左の書を西郷に托して橋本に贈りたり」とあって、その書翰には「(拙文で意を尽くしていないので)西郷へ話合置候筋も有之、同人よりも御聞取可被下候。此節は西郷發足を引留置相認候間、先要用のみ如此」と記され、西郷隆盛が肥後・熊本に滞在したことは明白です。

安政四年は、西郷隆盛（当時三一歳）にとって、生涯のうちで最も自由に行動でき、また精神的にも最もゆとりのあった年でした。肥後・熊本滞在中に、「時事を謀議」し

「各藩志士相呼應して、國事に盡瘁すへきを誓ひ」合っていますが、その他どんな会話が交わされたのか具体的にはわかりません。

ただ前述した通り、肥後藩では尊王攘夷論者ばかりでなく、歴代菊池氏の事蹟などは常識となっていましたから、おそらく西郷隆盛との談話でも、「薩摩西郷家」の遠祖としての「肥後西郷家」のことが当然話題となったことは十分考えられます。

前掲の『西郷南州史料』の「西郷家系図」(全)は「元祖九兵衛」から始まっていますが、その理由は「菊池氏のどの家から分かれたかわからないので、藩の記録所にある九郎兵衛(まま、九兵衛)以下のみを自分の系譜としていた」(『ウィキペディア』)とされています。

また、大正一一(一九二二)年一二月二八日付の「九州日日新聞」で、植田均は「維新史上の偉人西郷隆盛の祖は、菊池氏より出たものであるといふ事は、夙《つと》に知られて居た事実で、隆盛自ら菊池に来て、祖先の地を尋ねた事もあり、大嶋に流されて居た時は、菊池源吾といふ名を用ゐた事もある」と記していました。

もし植田均のいう通り、隆盛自らが菊池の祖先の地を尋ねたとすれば、その機会はこの肥後・熊本滞在中以外にはありません。肥後藩士らとの会話に刺激を受け、大いに「肥後西郷家」への関心が募り、強い衝動の下に遠祖西郷氏の出自地探訪に同行したと思われます。

その直後の安政五（一八五八）年には、井伊直弼大老による「安政の大獄」の嵐が吹き荒れ、西郷吉兵衛は、八月には有志と共に、井伊大老の排斥を試みて失敗、九月には幕吏に追われた月照和尚と共に西下するなど、西郷自身も追討の身でした。

そして一一月一六日には、二人は錦江（鹿児島）湾に投身自殺、吉兵衛だけが蘇生。このような状況では、西郷隆盛のルーツ探しも「肥後西郷家」出自地探訪の余裕も吹き飛んでしまっていて、その可能性はまったくありません。

注目したいのは、蘇生一ヵ月後の西郷隆盛が安政五年一二月一九日付で出した「長岡監物への書」（『大西郷全集』第一巻）です。龍郷への流謫《るたく》（島流し・流刑）直前の書翰であり、そこには「私事、土中の死骨にて、忍ぶべからざる儀を忍び」と記し、追啓には「西郷三助」から「直様改名仕り候様申し聞かされ、変名（菊池源吾）仕り」云々と、わざわざ書き送っています。

この書翰の目的は奈辺にあったのでしょうか。変名「三助」の使用をわずか一〇日程で止めて、「菊池源吾」に変名をした理由が、肥後での印象深い「実体験」に依拠していることを知らせ、分かってもらいたかったものと見ています。

変名「西郷三助」の「三助」は所謂「下男・小者などの奉公人」の意で、「土中の死骨」として耐え忍ばねばならぬ窮状とどん底にいる自分を揶揄した失意の変名と思われます。それに対して、長岡監物は朝廷への献身による受難、小舟から月照と共に入水して蘇生した運命、薩摩藩の幕府への「死亡の筋」の対処などと続く一連の「三助」の不運・不幸を憐憫、和歌「君の為、身をすて小ふね、すてゝまた、思へはさわく、波も風なし」を送っています。

宮下満郎氏は「西郷の実名隆盛について」（『敬天愛人』創刊号）で、「菊池源吾」の変名に関して、①『西郷家万留』には、西郷三助の改名願と大島三右衛門改名申請書はあるが、菊池源吾の改名願がないこと、②『大西郷書翰大成』には、安政五（一八五八）年一一月二九日付の新納駿河の島津豊後宛書翰に「但三助儀、菊池源吾と変名申付候」を紹介しています。

また、山田尚二氏は、「西郷隆盛の名前と署名」（同前、第二号）で、西郷隆盛の自筆系図に「安政五年戊午十二月晦日、故アリテ菊池源吾ト姓名ヲ變シ、大嶋ニ流寓セリ」の書込みを紹介した後、「西郷三助が公的変名、菊池源吾が私的変名であった。菊池を名乗ったのは、西郷家の先祖が肥後の菊池と信じられていたからだ」と記しています。両氏共に「菊池源吾」がまったく「私的な変名」であったことを指摘しています。

おわりに

「菊池源吾」の変名に関するくどいくらいの論述となり、心苦しく思っています。再三述べたように、西郷隆盛が徳之島での「大島三右衛門」、沖永良部島での「大島吉之助」の変名は、奄美大島への流謫に依拠したと考えられることから、この変名「菊池源吾」のヒントを探し出しました。

また、西郷隆盛は「変名法則」を持っていて、自身の受けた強烈な「実体験」が変名そのものに大きく影響していることを突き止めることができました。加えて親交のあった「長岡監物への書」に、「西郷三助」から「菊池源吾」への変名経緯をわざわざ書き送っていることに注目し、「菊池源吾」が安政四年の肥後藩での「肥後西郷家」の出自地探訪という「実体験」に依拠していることを知らせ、かつ知ってもらいたかったのではないかと推測しました。

西郷隆盛は変名「菊池源吾」を、安政六（一八五九）年一月一二日、奄美大島の龍郷の阿丹崎港に着船する以前から使い始め、龍郷での文久二（一八六二）年一月一三日までの流謫三年間を通して、この変名のみを使い続けるほど気に入り、こだわったのも確かな事実でした。

この変名「菊池源吾」は、現在菊池市町おこしのパンフレット「菊池源吾物語」や奄美大島との交流に活用されていますが、この「菊池源吾」は西郷隆盛の「実体験」と「変名法則」による歴史的変名として、もっと重要視されてもよいのではないかと思っています。それと同時に、西郷隆盛が、長岡監物ら「実学連」の者たちと、「肥後西郷家」の出自地（現・七城町西郷）を訪問した古文書が発見されれば、すべて解決します。

奄美大島・龍郷紀行

はじめに

菊池市教育委員会の社会教育指導員をしていた時、菊池市の奄美大島・龍郷との友好都市企画の一環として、二〇〇六年八月一日～三日に当地を訪問する機会がありました。この紀行文は、その頃毎週発行の「新・菊池史譚」に六回にわたって連載したものです。当時の情況の新鮮さをそのままに掲載します。そのつもりで読んでみてください。

一、江藤淳著『南州残影』と『南州随想』

今年の八月一日の午後、市役所の国際交流課の二人と共に、私は奄美大島行きのプロペラ機に搭乗していました。一時間ほどのフライトでしたが、読みかけの江藤淳氏著『南州残影』（文芸春秋、一九九八年七月）と『南州随想』（文芸春秋、同一二月）を取り出しました。

江藤氏が、明治一〇（一八七七）年二月に挙兵した西郷隆盛は、「最初から勝つ気が無かった」と結論づけていたことが、歴史研究者の一人として、妙に気になっていたからです。しかし、江藤氏の結論には、別に不快さを感じるどころか、妙に納得していました。

慶応三（一八六七）年一二月、第一五代将軍・徳川慶喜は「小御所会議」への不満・不服の理由をつけ、江戸に引き上げますと、西郷は時をあけず、江戸市中に火付け・強盗などを放って撹乱し、ついに慶喜を鳥羽伏見の戦いに引き出すことに成功しました。

また、西郷は、官軍の江戸総攻撃の際、沿道の人民に盛んに新政府の「年貢半減」を宣伝しました。その言葉を真に受けた草莽の士・相楽総三ら「赤報隊」は、官軍の東山道進軍の先鋒を買って出、露払いを引き受けました。しかし、西郷はその必要がなくなると、赤報隊を「偽官軍」呼ばわりし、下諏訪で処断しました。さらに新政府への不平武士の対策として、征韓論を唱えたことは余りにも有名です。

以上の例からもわかるように、西郷隆盛は稀に見る豪腕の戦略家でした。目的の達成には非情で強引、さらに強硬な手段も辞しませんでした。そんな西郷が、明治六（一八七三）年の征韓論の政変に敗れ、陸軍大将の肩書きのまま鹿児島に下野してしまいました。

西郷隆盛は、明治政府にとって一時も目が放せない要注意人物となり、下野直後から挙兵直前までの四年間、鹿児島での西郷隆盛の行動を密偵を放って探索・監視を続けましたが、その動向はほとんど掌握できていませんでした。

その西郷隆盛が、明治一〇（一八七七）年二月に、今度は薩摩軍を引き連れて、「今般政府へ尋問の廉《かど》有之」と、北上の行軍を開始したのです。江藤氏の指摘を待つまでもなく、挙兵の理由を示さず、また尋問の内容も具体的に示さないまま、熊本鎮台司令長官・谷干城《たてき》に、「熊本城下の通行を許可せよ」と命じたのも同様な行動でした。

本来ならば、階級的に谷干城鎮台司令官は、陸軍大将・西郷隆盛の命令には絶対従わなければならない立場でしたが、しかし、谷干城は政府軍として熊本城に籠城するなど、西郷の薩摩軍の北上を身を挺して阻止したのでした。

このように、幕末の江戸総攻撃や明治初年の戊辰戦争を指揮し成功した西郷隆盛であれば、「政府へ尋問」というような抽象的な照会書で、明治四（一八七一）年七月、兵部省の管理下に設置された熊本鎮台のある熊本城下をそう簡単に通過できないことぐらい、百も承知していたはずです。

また、西郷隆盛は、征韓論政変で下野以来、反政府的な中心人物として、多くの人民の共感と人望を集めたことは、西郷が城山で自刃した後も「西郷は死んでいない」

との噂が飛びかい、「西郷星」（接近した火星）が話題になったことなどが雄弁に物語っています。

以上のように、西郷隆盛は幕末・維新期の日本を牽引してきた重鎮だったのですから、西南戦争が始まると、これまで通り、その豪腕を発揮して、さぞ華々しい勝ち戦を展開し、明治政府にひと泡もふた泡もふかせてくれるものと、その期待も大きかったことも容易に想像できます。

ところが西南戦争が始まりますと、その戦法・戦略は、素人目にも、これが日本の陸軍大将の作戦かと情けなくなるほど、まったくの戦下手でした。西郷の薩摩軍は、谷干城の籠城作戦に気を取られたかのように、他の地域での積極的な作戦を展開しなかったばかりか、熊本以北への進軍さえ中途半端になってしまいました。何故だったのでしょうか。

また、西郷隆盛は、この戦争に勝利したら、どのような日本の建設の青写真を描いていたのか、およそ西郷からは、その片鱗さえ窺い知ることができません。むしろ「負け組」に組みした西郷の姿のみが浮かんできます。前の江藤氏の断言はまさしく当を得たものでした。

そんな西郷隆盛像を思い巡らすうちに、私たちを乗せた飛行機は、名瀬の奄美空港への着陸態勢にはいっていました。機窓から見える南島の海はエメラルド・グリーンの濃淡、本土では見られない海の自己アピールの強さを十分感じました。それを見ながら、来島の目的を改めて確認しました。

それは、この奄美大島の龍郷《たつごう》に流謫《るたく》（島流し・流刑）された西郷隆盛（この奄美大島では「菊池源吾」の変名を使用）の足跡をたどり、さらに西郷隆盛（菊池源吾）の遠祖が、菊池市七城町西郷出自の「肥後西郷家」とされることから、龍郷町と菊池市の間で、西郷隆盛（菊池源吾）を介した友好と交流が築けないかを龍郷町と話し合うための訪問でした。

（二〇〇六年九月四日）

二、西郷南州流謫地跡

私たちは、名瀬市在住の西郷南州顕彰会長・安田壮一郎氏の出迎えを受け、最初に龍郷町の菊池源吾が着船した阿丹崎《あたんざき》港の「西郷松」と「西郷南州流謫地跡」に案内してもらいました。

安政五（一八五八）年九月に始まった「安政の大獄」での幕府からの厳しい探索に、薩摩藩は、西郷三助（この年、吉之助→吉兵衛→三助と変名）は死んだとし、一一月には私的な変名「菊池源吾」として、奄美大島に身を隠させるために渡航を命じました。

菊池源吾が乗った薩摩藩の黒糖積船「福徳丸」は、安政五年一二月二六日、鹿児島港を出帆、山川港で二週間ほど潮待ちして、翌六（一八五九）年一月一一日に外洋に出帆。凪《なぎ》と追風にのって、翌一二日の昼頃、阿丹崎港に無事着船し、岸辺の松（「西郷松」）に艫綱を結び、巨体の源吾は船夫らに介添えされながら上陸しました。

龍郷村は、薩摩藩が奄美大島に設けた大島島庁の仮屋元から、約五里も離れた寒漁村でした。当時三三歳の源吾は、龍郷の流人・美玉新行の空き家を借りて、二ヵ月間の自炊生活の後に、安政六（一八五九）年三月には小浜の名門郷士・龍家の離れ家に移り住みました。

その頃から、源吾は儒学者の重野安繹や唐通事の岡程進儀らとの交流を深め、また島の子供たちが読み・書き・算盤を教わりに来るようになると、次第に島人たちとの親交も深まっていきました。

やがて龍家一族の龍佐恵志の娘・愛加那（二三歳、愛子の愛称）が、炊事・洗濯など源吾の身辺の世話をするようになり、同年一一月八日には、龍佐民夫婦の媒酌により、二人は結婚。そして、この離れ家で安政六年三月から文久二（一八六二）年までの二年八ヵ月を一緒に過ごすことになりました。

二人の間には、文久元（一八六一）年に菊次郎（後に京都市長）が誕生、源吾は妻と息子のために、特に台風を考慮し、白間の地を居住地に選び、自ら設計した六畳と八畳の二間続きの萱葺きの新居を、多くの島人たちによる普請の加勢で、翌二（一八六

二）年一月一三日に建ち上げました。（写真１）
しかし、そこで生活を始めた矢先の一四日、源吾は薩摩藩からの召喚状を受け取り、妻・愛加那と菊次郎を残して、龍郷を後にしなければなりませんでした。愛加那はその時、菊草（菊子、後に大山巌弟・精之助夫人）を身ごもっていました。

写真１　西郷隆盛流謫の家

その質素な新居跡は今も保存されています。その前に建立された「西郷南州流謫地跡」の碑文は、大島島司・笹森儀助が東京出張の折、勝海舟に頼んで、明治二九（一八九六）年晩夏に揮毫してもらった海舟自筆の書です。

海舟は、『孟子』の中の文言を借りた「天の此人に大任をくださむとするや、先つ其しん志（心志、こころざし）をくるしめ、其身を空乏（物がとぼしいこと）すと、まことなる哉此言、唯友人西郷氏に於て是を見る、(以下略)」という文言が刻まれています。

明治元(一八六八)年四月の江戸開城では、真正面から直接対決しています。その時、海舟は西郷の胆量の大きさに圧倒され、一切かけ引きなしで談判、西郷も海舟の一言一言を信用しました。西郷も海舟が開城後の江戸に関して、西郷に何一つ注文もつけずに任せたことを高く評価しました。

勝海舟の回想録『氷川清話』で、「おれは、今までに天下に恐ろしいものを二人見た。それは、横井小楠と西郷隆盛とだ。(中略)西郷と面会したら、その意見や議論は、むしろおれの方が優るほどだツたけれども、いはゆる天下の大事を負担するものは、果して西郷ではあるまいかと、またひそかに恐れたよ」といっています。

勝海舟と西郷隆盛は、幕府側と朝廷側という対極の立場にあった人物でしたが、強い因縁で結ばれた盟友でした。そんな両者の信頼関係は、西郷隆盛が西南戦争で反政府の人物になっても依然のままでした。海舟が前の碑文を快く引き受けた理由でもありました。

また、坂本龍馬が最初に西郷隆盛に会った時、「西郷といふ奴は、わからぬ奴だ。少しく叩けば少しく響き、大きく叩けば大きく響く。もし馬鹿なら大きな馬鹿で、利口なら大きな利口だらう」と評していますが、おおらかで正義感が強く、忍耐強く、少しも物事に動ぜぬ性格を見抜いていました。

その後の龍馬が、慶応二（一八六六）年一二月四日の兄・坂本権平と一同宛の書翰で、新政府の人事構想の中で西郷隆盛の名をあげ、その理由を「西郷吉之助」（是ハ国内軍事に懸る事、国家之進退、此人ニ預る）と認め、また翌三（一八六七）年一〇月一六日の「新官制擬定書」では、西郷隆盛を参議に推薦した理由は、ただの政治家ではなく、「徳望・智識兼修ノ者」だったからでした。

愛加那と菊次郎・菊草を龍郷に残した菊池源吾は、やがて西郷隆盛と称し、幕末・維新期、新政府の第一等の人物になりました。しかし、海舟のいうように天は西郷に近代日本の創出という大任を下し、西郷はそれに双肩を以て応えましたが、西南戦争の敗北は、西郷を「空乏」にしてしまいました。

（二〇〇六年九月一一日）

三、流謫以前の西郷吉兵衛

安政四（一八五七）年頃の西郷隆盛は「西郷吉兵衛」といい、薩摩藩の重要人物として活躍していました。その頃の様子が、越前藩士・村田氏寿著『関西巡回記』の薩摩の項にあると聞き、非常勤講師をしていた熊本大学の附属図書館に依頼し、京都大学に学外貸し出しの手続きをしてもらい閲覧できました。

その中には、確かに安政四年五月から六月にかけて、九州各地を遊歴した村田氏寿が、西郷吉兵衛と直接面会したことに関して、つぎのように記されていました。

「西郷吉兵衛、御供番相勤め、江戸役に付、国許《くにもと》にては間隙の由、江戸表にては薩公より内密の御用承り、極めて御懇意に成られ、仲間へも知らせず、極々御内証にて御逢ひこれ有る由」

西郷吉兵衛は、江戸では薩摩藩主・島津斉彬《なりあきら》の「御庭方役」、即ち相談役的な存在で、藩主とは懇意であり、内密な用事も承り、さらにまったく内緒で会うことのできる重職でしたが、一方、薩摩藩にあってはまったくの閑職同然であったと記されています。

また、村田は当時の奄美大島に関して、つぎのように記し、西郷吉兵衛の流謫直前の奄美大島の様子の一端を知ることができます。

「大島は鹿児島と琉球の中間各百五十里の地にあり、人口琉球に近し、或云ふ、琉球より多し。産物は砂糖・唐芋・夥《おびただしく》敷出づ、又銅山あり、薩の用ゆる銅多くは此島より出すものと云ふ」

ここで、安政六（一八五九）年一月一一日の奄美大島の龍郷に流謫される以前の西郷隆盛について簡単に見ておきたいと思います。

西郷隆盛は文政一〇（一八二七）年一二月七日、鹿児島城下鍛冶屋町の西郷吉兵衛の子として生まれ、幼名を「吉之介」といい、松本覚兵衛に学びました。弘化元（一八四四）年、一八歳の時に郡方書役の助手、ついで書役になり、二七歳まで地方役人として藩に勤めていました。

その西郷に転機が訪れたのは二四歳の時、嘉永三（一八五〇）年三月以降、薩摩藩の藩政改革を決意し、翌年には大久保利通らと『近思録』を講読し、陽明学を学び、無参禅師について禅を修めるなどして、思想を形成し、自己修養を積みました。そして同五（一八五二）年九月、父の死去にともない、「西郷吉兵衛」を名乗りました。その二ヵ月後には母・政子も他界しました。

嘉永六（一八五三）年六月に、ペリーが浦賀に来航し、日本の幕末が始まり、安政元（一八五四）年一月に、吉兵衛は藩主・島津斉彬に随行して江戸に出府しました。その直前に伊集院兼寛の妹と結婚しましたが、すぐに離別しています。三月には「御庭方役」となり、藩主・斉彬の側近として一層重要視され始めました。

在江戸中の吉兵衛は、水戸藩の藤田東湖に頻繁に会い、後期水戸学の尊王攘夷思想に感化されていきました。また、翌年一二月には橋本左内に会うなど、その交流の範囲は次第に広くなっていきました。

安政二（一八五五）年には、藩の権力を持つ重臣たちの排除を謀って奔走しますが、藩主・斉彬に発覚してしまい、懇諭されて諦めました。その後、吉兵衛は安政四（一八五七）年四月には藩主・斉彬に伴って帰藩、一二月には江戸出府するなど多忙を重ねました。

一方、同年一〇月から翌五（一八五八）年一〇月の間に、第一四代将軍継嗣問題が起りました。幕府の井伊直弼ら譜代大名は紀伊藩主・徳川慶福《よしとみ》、越前藩主・松平慶永（春嶽）・島津斉彬など親藩・外様らは一橋慶喜《よしのぶ》を押すなど、幕府内部は真二つに分裂してしまいました。

西郷吉兵衛は、二月には橋本左内同様、一橋慶喜の継嗣に奔走し、三月には上京して朝廷の内勅が降りるように尽力していました。ところが四月、彦根藩主・井伊直弼が大老に就任すると、徳川慶福（家茂《いえもち》）を将軍継嗣者に決定してしまいました。

また、開国派の井伊大老は、天皇の勅許のないまま、六月にはタウンゼント・ハリスとの間で、日米修好通商条約に調印しました。尊攘派はこれを「違勅調印」だとして反対運動を起こしました。

これに対して、井伊大老は片端から反対者の謹慎・処罰・処刑を開始、いわゆる

「安政の大獄」に発展しました。吉兵衛は八月には有志と共に、井伊大老の排斥を試みて失敗、九月には幕吏に追われた月照和尚と同道して西下を余儀なくされました。そして一一月、二人は鹿児島湾に投身自殺、吉兵衛だけが蘇生しました。

（二〇〇六年九月一九日）

四、「愛加那碑文」

「西郷南州流謫地跡」には、勝海舟の碑をはじめ、いくつかの碑があり、その中につぎの「愛加那碑文」がありました。この碑文を読んだ時、最後の「愛加那は島妻《あんご》の生涯を終えた」の文中の「島妻《あんご》」の言葉が、私の胸に大きく圧し掛かりました。

何となく大島での「一時妻」か「現地妻」という響きを感じていましたし、その上、奄美大島では「島妻」という言葉が普通に使用されていること、この碑も愛加那一族の建立でもあり、とても困惑してしまいました。

愛加那碑文

一八三七（天保八）年、愛加那は龍一族の二男家、佐栄志の娘として生まれた（幼名・於戸間金）。少女期から芭蕉布を織りはじめ、やがて村の女たちに教えるほどの腕前となる。気丈で働き者であった。

一八五九（安政六）年、鹿児島から遠島になった西郷吉之助（後の隆盛）と結婚し、この家で暮らす。菊次郎と菊草の二児に恵まれたが、三年後、吉之助は島を去り、やがて二人の子も西郷本家へ引き取られた。吉之助は明治維新の立役者の一人として歴史にその名を残した。愛加那はこの家でひっそりと暮らし、ひたすら夫と子らに会う日を待った。

一九〇二（明治三十五）年八月、大雨の中を畑仕事に行き、そこで倒れた。享年六十六歳。愛加那は島妻《あんご》の生涯を終えた。

愛加那没後百年を記念して
二〇〇三（平成十五）年十二月二十五日建之
龍マサ子

確かに、安政元（一八五四）年一月、二八歳の西郷隆盛は、伊集院兼寛の妹・俊子と結婚し、離婚した経歴がありましたが、龍郷に流謫された安政六（一八五九）年一一月八日頃は独身でしたし、また愛加那とは、略式ながらも龍佐民夫婦の媒酌による正式な結婚でした。（写真2）

写真2　愛加那

しかし、慶応元（一八六五）年一月に、西郷隆盛は岩山八郎太の二女・糸子と結婚しています。そのことが、前妻の愛加那を「島妻」的な立場にしてしまったのではないかと思ったのです。

そんな思いが残ったまま、ホテルに帰り、龍郷町教育委員会編『龍郷町誌』歴史編（一九八八年）の「西郷隆盛と龍郷」部分の抜き刷りを読みますと、木原三郎氏が「愛加那の結婚は、他の島妻の場合とは事情を異にしている」として、つぎのように書かれていました。

「一般の島妻は、ほとんどの者が未亡人で、初婚の娘ではなく、三献の祝いなしの結婚であったようである。（中略）藩政時代、詰役となって下島する者たちは、妻子を郷中に残し、単身赴任する事になっていて、現地で島妻をこしらえることは一向に差支えなかったようで、むしろ藩庁としては公認しているかのような観があった。

あんご（島妻）が産んだ子は、成長すると鹿児島に上国させて、父のもとで、学問・医術の修業をさせ、帰島後は島役人に登用される機会も与えられていた。あんごは島民から俸（扶持米）をうけるだけでなく、夫役も免れ、御試田などを付与されるという特典があり、またその出身や村にも、島政の上から種々手心が加えられたようで、新任の詰役が赴任すると、競ってあんごを差し出すことに苦心したということである」

以上のような「島妻《あんご》」の定義であれば、菊池源吾の場合、①大島の「詰役」として城下からの出張役人でないこと、②妻帯者の単身赴任でないこと、③藩庁によって島妻が公認されていないこと、④また愛加那は未亡人でなく初婚の娘であること、⑤略式ながら正式の結婚であったことなどから、愛加那は「島妻《あんご》」とはいえないのではないかと思い直しました。

愛加那の子供の菊次郎は、明治二（一八六九）年、九歳の時、菊草は明治九（一八七六）年、一四歳の時に、西郷本家に引き取られ、菊次郎の場合は、明治六（一八七三）年には一三歳でアメリカに留学、菊草もそれなりの教育を受けて結婚しています。そして、いずれも龍郷には帰島せず、大島での生活をしませんでした。

愛加那は、愛する夫と引き裂かれ、さらに二人の子供と引き裂かれたのですから、いかに気丈であったとしても、誰もいなくなった「この家でひっそりと暮らし、ひたすら夫と子らに会う日を待った」ことを思えば、実に悲しむに余りあります。幕末という激動の世の中の犠牲者の一人に違いありません。

しかし、菊池源吾の龍郷での三年間は、従来の支配者側の役人ではなく、島人側の流謫者として、一緒に大島での生活苦を体験し、島人側からの民情改善を提案するなど、これまで机上の概念でしかなった「人民」という視点に、思想的にも大きな影響を与えた流謫生活であったことは間違いありません。

この要《かなめ》には言うまでもなく、愛加那の大きな存在がありました。そして菊池源吾としての龍郷での島人との一体感の「実体験」こそが、その後の西郷隆盛をして、心底から「敬天愛人」と言わしめる真の母体になったのかもしれません。

（二〇〇六年九月二五日）

五、「敬天愛人」

西郷隆盛の有名な「敬天愛人」は、山田済齊編『西郷南州遺訓』（岩波文庫、一九四一年）によれば、「道は天地自然の物にして、人の之を行ふものなれば、天を敬するを目的とす。天は人も我も同一に愛し給ふゆゑ、我を愛する心を以て人を愛する也」という四字熟語の一つと言ってもよいでしょう。

その「敬天愛人」も、西郷南洲顕彰会長・安田氏の話によれば、最初は「敬天愛民」であり、この龍郷で島人たちと苦楽を共にする中で「愛民」が「愛人」になったとか。これを聞いた時、すぐに江戸期の「民百姓」という幕府や藩主ら支配者側の言葉が思い浮びました。

以前、「民」と「人」との違いを知るために、漢和辞典を引いたことがありました。「民」には「国家・君主に統治される者」の意が含まれ、「人」には、「天」に対する「人」、即ち人間としての尊厳性が内包されていたように記憶しています。

この「民」から「人」への変化は、西郷隆盛が龍郷で過ごした三年間の賜物で、支配者的な役人思考から完全に脱皮した証であり、その後の西郷の被支配者的な重要な思想的基盤となったことは間違いありません。

薩摩藩は調所広郷を起用した藩政改革で、三島方による黒糖総買入れ制を導入し、黒糖の専売制を強行し、所謂「黒糖地獄」が出現しました。「人頭石」を設け、背丈がその高さを越えた島人すべてに有無を言わさず課税したことはあまりにも有名です。それ以後も奄美大島の島人たちはもろに直撃を受け続け、菊池源吾はその収奪の渦中にあって、その過酷さを直接見聞きしたのでした。

その有様を大久保利通や有村俊斎に「松前藩の蝦夷政策より黒糖政策が酷い」と、初めて経験した驚きを書き送っています。また、代官・相良角兵衛に面会し、処罰された島人を解放させ、自分の扶持米を困窮した島人たちに分け与えています。この「実体験」は西南戦争の時も生きていました。

明治一〇（一八七七）年二月二三日、西南戦争開戦直後の諸隊将会議は、植木方面の戦いで優勢な薩軍を、さらに南関まで追撃させれば、佐賀などの同志の参戦を容易にし、ますます優勢になるとの結論を出しました。

しかし、西郷隆盛は池上四郎に「戦地を広げると農作を荒らし、民家を焼き、人民の苦しみとなる。戦は城（熊本）で定まる。戦地を広げること相成らず」と伝言させ、南関への前進を中止させています（『西郷南州遺訓』「農民愛護」）。この西郷隆盛の命令は、支配者的な高位からの命令ではなく、農民と同じ視点からの命令で、官軍に勝利するための戦略的な視点がまったくありません。

また、西郷菊次郎（写真3）は、母・愛加那宛に「去年正月四日、父上様御事御政府へ尋問の訳在り為され、ここ御打立ちに相成ち候処、随行二万人ばかりよって、叔父小兵衛様には同国高瀬にて戦死、私には右の足を鉄砲でいぬかれ、それよりは戦争も調（進みぐあい）し難く、養生にかゝり候処、深手ゆえ遂に膝下より切払い、只今にては片足に相成り」、義足を作ると報じた後、「父上様御事は戦争為されずあり、同年九月二十四日、鹿児島県の城山と申す処まで御引返し、終に九月二十四日暁、同所にて戦死遊ばされ候」と認めています。

写真3　西郷菊次郎

西郷隆盛の「戦は城（熊本）で定まる」といって、南関以北に戦場を拡大しなかったことや、菊次郎の

「戦争為されずあり」云々の背景には、西郷隆盛に充満していた農民愛護の思想がありました。おそらく龍郷での「実体験」がそう言わしめ、ここに西郷の非戦の根底があったと思われます。

最初に見た江藤淳氏の西郷隆盛には「最初から勝つ気が無かった」との結論とは違った別の理由があったようです。私は江藤氏とは別に、この龍郷で血肉化した「敬天愛人」の思想が、西南戦争での農民愛護となり、戦勝を度外視した戦域の不拡大にあったのではないかと思います。そのような西郷隆盛の心情を最もよく知っていたのは、やはり勝海舟でした。

九月一四・一五日、鹿児島市内の西郷隆盛関係の調査のために、ふるさと維新館・黎明館・蘇生の家・城山などを訪ねました。特に城山の西郷隆盛洞窟の説明板にあった勝海舟の「ぬれぎぬを　干そうともせず　子供らが　なすがままに　果てし君かな」の歌は、西郷の人となりをうまく表現した「弔問歌」そのものでした。

また、『西郷南州遺訓』には、海舟の「亡友南州氏。風雲大是を定む。衣を払て故山に去る。胸襟淡くして水の如し。悠然躬耕（自ら田を耕す）を事とす。嗚呼一高士。只だ道ふ自《い》ら正に居ると。豈に意《おも》はん国紀を紊《みだ》るを。図らざりき世変に遭ひ。甘じて賊名の訾《そしり》を受んとは。笑て此の残骸を擲《なげう》ち。以て数弟子に付す。毀誉（誹ったり誉めたりすること）は皆皮相。誰か能く微旨（目立たない志）を察せん。唯だ精霊の在る有り。千載知己を存す」（原漢詩）が収録されていました。

私たちが西郷隆盛を理解する方法にはいろいろありますが、私はかつて江戸開城で対決した勝海舟の言葉が、一番真意を突いた西郷隆盛を理解する助けになるのではないかと思っています。

（二〇〇六年一〇月二一日）

おわりに

紀行文形式で、西郷隆盛の奄美大島での三年間の流謫生活を中心に見てきました。

西郷隆盛にとって、この流謫生活での「実体験」で体得したのが「愛人」(農民愛護)の思想であったと思います。

西南戦争での西郷隆盛の非積極的な行動や作戦方法を、江藤淳氏は「最初から勝つ気が無かった」と結論づけています。それは妥当な見解ですが、しかし、その理由がいま一つ明らかではありません。

それが流謫生活で培った徹底した「敬天愛人」思想の現れではなかったのか。これまで論じられた問題かどうかはよく知りませんが、十分論じられてこなかったように思います。私はこの「敬天愛人」の実践こそが、西郷隆盛の西南戦争での最も確実な敗因だとして注目してみました。

西郷隆盛の写真の有無と肖像画

はじめに

二〇一六年五月二八日、ＢＳジャパンの「歴史ミステリーロマン・幕末維新の謎を解け！」という番組は、幕末・維新期の長崎の写真家上野彦馬のスタジオで撮影されたという「フルベッキ群像写真」（写真１）の謎解きに関するいくつかの「ある一説」にせまった内容でした。

周知の通り、この集合写真は、在米オランダ改革派教会から派遣されたオランダ出身の宣教師ギドー・Ｆ・フルベッキとその子を中心に、幕末・維新期の著名な薩長土

写真１　フルベッキ群像写真（フルベッキ写真）

肥の西郷隆盛・大久保利通・桂小五郎・高杉晋作・坂本龍馬・中岡慎太郎・江藤新平・副島種臣をはじめ、勝海舟や横井小楠と二甥の左平太・大平ら総勢四四名が一堂に会し、すべて人名が特定されていることで有名な集合写真です。

番組では後に紹介する肖像画家・島田隆資説や佐賀藩・致遠館生徒説などを含め数説が謎解き風に紹介され、そのいずれも如何にも根拠がありそうな構成になっていました。私もこの集合写真については、かなり以前から検討していましたので、とても刺激的な番組でした。

一、私説〝佐賀藩・致遠館生徒説〟の根拠

数説の中で、特に私が注目した「ある一説」が、佐賀藩・致遠館生徒説と、写真の裏に記された「明治元（二に訂正）年春長崎ニ於テ撮影」の日付でした。その時、『熊本近研会報』に「横井小楠と二甥左平太・大平の書翰を読む」を連載しており、そのために高谷道男編訳『フルベッキ書簡集』を読んでいました。

その年譜を見ると、慶応二（一八六六）年（慶応三〔一八六七〕年説あり）四月、フルベッキは横井左平太・大平の「密航渡米」を世話した直後、佐賀藩の英学校・致遠館の教師に任命され、大隈重信・副島種臣らを教え、その他、石橋重朝・丹波龍之助・中島永元・江副廉造・中野建明らも学んでいました。

高谷氏はそれに引き続き、同年譜に「高杉晋作・伊藤博文・井上馨・後藤象二郎・小松帯刀・西郷隆盛・西郷従道など、その門に出入りしたと伝えられている」と追加していますが、これらは前掲の「フルベッキ群像写真」の見解をそのまま追記したも

写真２　裏書

のと思われます。

城島正祥・杉谷昭著『佐賀県の歴史』（山川出版社、一九七二年）、佐賀新聞社報道局篇『幕末佐賀藩改革ことはじめ』（佐賀新聞社、二〇〇四年）などによれば、致遠館は佐賀藩・諫早家の屋敷内に開設された佐賀藩生のための英学校であり、明治二（一八六九）年に、佐賀藩校・弘道館内の蕃学寮が設けられるまでの四年間（三年間説あり）、英学研修の最盛期をもたらしたと言われています。

その後、明治政府は、開成学校（幕府の「蕃書調所」の後身）を明治三（一八七〇）年一月、大学南校（東京帝国大学の前身）と改称し、七月にフルベッキ（四〇歳）は大学南校の校長に任命されています。

この経緯の下で、前掲の「明治元（二に訂正）年春長崎ニ於テ撮影」（写真2）の裏書の日付が重要になってきます。明治二（一八六九）年は、長崎の致遠館が閉ざされ、佐賀藩校・弘道館内の蕃学寮が設けられた年です。おそらく「フルベッキ群像写真」は、その閉校記念に長崎の上野彦馬写真場で撮影された可能性がかなり高いと推察してきました。

考察を深めれば、さらに増えてくると思いますが、この群像写真の「ある一説」の〃佐賀藩・致遠館生徒説〃を支持する理由と根拠を上げておきます。

(1)群像写真のうち、フルベッキ親子を除けば、薩長土肥の出身者が、薩摩藩一三人・長州藩七人・土佐藩五人（脱藩を含む）・肥前（佐賀）藩八人の三三人であり、その他は熊本藩三人・福井藩二人・京都三人・江戸一人・紀州藩一人・不明一人の都合一一人となっています。薩長土肥の順番ではなく、佐賀藩が二番目に多い人数です。

(2)群像写真の中には、横井小楠と二甥の左平太・大平が写っているとされます。幕府が慶応元（一八六五）年三月、神戸海軍操練所閉鎖直後、左平太・大平は長崎の済《せい》美館《びかん》で、フルベッキのもとで「英語通弁」（英会話）を修学、そして翌二年四月には

「密航渡米」しています。

「明治二（一八六八）年春」（旧暦一・二・三月、群像の着衣と一致）には、左平太（二六歳）・大平（二一歳）は滞米中であり、小楠（六一歳）は明治二年一月五日に京都で十津川浪士に暗殺されていますので、両方とも「長崎ニ於テ撮影」は不可能です。

(3)また、群像写真の解説では、小楠（五七歳）・左平太（二一歳）・大平（一六歳）となっていますが、この年齢は慶応元（一八六五）年の年齢です。そうすると「明治二年春」の撮影と記された裏書と一致していません。

(4)群像写真には、「明治二年春」の段階で、すでに死去していた人物の高杉晋作（一八三九～一八六七）・坂本龍馬（一八三五～一八六七）・中岡慎太郎（一八三六～一八六七）などが含まれています。むしろ「明治二年春長崎ニ於テ撮影」ができない者に注目すべきです。

(5)群像写真の人物は、フルベッキと息子ウィリアム以外の顔立ちには、老若の年齢差が見られないばかりか、どの人物をとっても青年です。前掲の『幕末佐賀藩改革ことはじめ』によれば、致遠館に派遣された佐賀藩生の年齢は「十六歳から二十六歳までの学生三十人を派遣」とあり、この点に着目した方がよいと思います。

(6)前の(2)の理由により、他の人物の年齢も当然慶応元（一八六五）年のものと考えた方がよいと思います。副島種臣（三八歳）・江藤新平（三二歳）・大木喬任（三四歳）・大隈重信（二七歳）は、「十六歳から二十六歳までの学生」の年齢ではないので、致遠館の教師格であったと思われます。そうすると江藤新平・大木喬任の写真での立ち位置が気になります。

一方、前掲の石橋重朝（二一歳）・丹波龍之助（不詳）・中島永元（不詳）・江副廉造（一八歳）・中野建明（二二歳）や写真の香月経吾郎（一七歳）らは、佐賀藩の致遠館派遣の条件「十六歳から二十六歳までの学生」に該当する人物であったと思われます。

(7)しかも前述の如く、致遠館の開校は慶応二（一八六六）年または三（一八六七）年であり、時系列的に考えても、「慶応元（一八六五）年」に、このような群像写真が存在するはずがありません。この点からも「明治二年春長崎ニ於テ撮影」の方に信憑性があります。

(8)この群像写真の中央に西郷隆盛が写っているとされますが、『大西郷全集』第三巻(平凡社、一九二七年)の「年譜」によれば、明治二(一八六九)年の西郷隆盛は四三歳で、前年の戊辰戦争終結後、鹿児島に凱旋し、日當山《ひあてやま》温泉(現・鹿児島県霧島市隼人町)で湯治していました。また、この「明治二年春」の段階では一月の朝廷召命を辞退し、二月には藩主・島津忠義の出仕要請を受け、藩政参与の職にあったので、「明治二年春長崎ニ於テ撮影」の場に居合わせた可能性はまずないでしょう。

これだけでも、この「フルベッキ群像写真」に関する諸説のうち〝佐賀藩・致遠館生徒説〟以外は成り立たない証拠に十分なると思っていますが、如何でしょうか。

二、写真技術の歴史

写真の技術が日本に入ってきた年については諸説がありますが、長崎の貿易商で薩摩藩の御用商人だった上野俊之丞常足（一七九〇〜一八五一）の「書留」には、「天保十四卯（一八四三）持渡（中略）、嘉永元申（一八四八）再度持渡」と記されています。おそらく嘉永元年に「ダゲレオタイプ」（銀板写真法）を購入して、薩摩の島津斉興に献上し、島津斉彬が最初の被写体となるなど、薩摩藩では積極的に推進していたようです。

百科事典によれば、上野俊之丞の四子・上野彦馬（一八三八〜一九〇四）は、安政四（一八五七）年に来日したオランダ海軍医官ポンペの医学伝習所に翌五（一八五八）年に入門し、科学の研究とともに渡来した写真技術を学び、自らも写真研究・実験に努め、来日していたフランス人職業写真家からの教えで、その技術を確かなものにしています。

そして、文久二（一八六二）年、長崎の中島川河畔に日本最初の営業写真館・上野撮影局を開業、慶応二（一八六六）年には坂本龍馬の像、明治二（一八六九）年には前掲の「フルベッキ群像写真」を撮影し、その他、幕末の武士や町民のポートレート写真、長崎の風景や西南戦争の記録写真などを数多く残しています。

同時代の写真家・下岡蓮杖（一八二三〜一九一四）は伊豆下田生まれで、最初は江戸で絵師を志して狩野派に学んでいましたが、偶然「ダゲレオタイプ」を見る機会を得て、写真に開眼したと伝えられています。幕末日本に来日していた職業写真家ウンソンから写真を学びましたが、西洋科学の素養が十分に伴わなかったため、写真術の習得は困難を極めたといいます。

一説にはアメリカ総領事ハリスの随行通訳ヒュースケン（一八三二〜一八六一）に写真を学び、慶応三（一八六七）年、横浜に写真館を開店し、さらに明治九（一八七六）年には浅草公園にパノラマ館を開設するなど、多彩な活動を展開しています。この二人は、写真の先駆者として「東の蓮杖、西の彦馬」と称されています。

『熊本県大百科事典』によれば、熊本の写真家・冨重利平（一八三七〜一九二二）は柳川藩生まれで、文久二（一八六二）年に長崎の写真師・亀谷徳次郎の門に入り、ついで上野彦馬の弟子となり、写真技術の研究・習得に励みました。

慶応二（一八六六）年に柳川に帰り、明治二（一八六九）年四月、東京に出ようと考え、まず玉名の高瀬に出たところ、高瀬藩主・細川利永《としなが》の養父・細川利用《としたか》の知遇を得、さらに熊本藩に招かれ、ついに鎮台と県の御用写真師として、熊本城下の新町に写真館を開業しました。

明治一〇（一八七七）年の西南戦争では、官軍の依頼で、焼失前後の熊本城や熊本鎮台の軍人たちを撮影、また五高時代の夏目漱石・小泉八雲などの肖像写真も撮っています。詳しくは『冨重写真所の一三〇年』（熊本県立美術館、一九九三年）を参照して下さい。

以上の状況のもと、幕末・維新さらに明治期にかけて、横井小楠・坂本龍馬・勝海舟などをはじめ、著名な人々の肖像写真が数多く残っています。これは私たちにとって非常に幸いなことですが、こと西郷隆盛の肖像写真については、今日でもその有無が論議され続けています。

写真３　インターネット掲載の西郷隆盛の肖像写真(1)
（但し上段左から二枚目、下段右から三枚を除く）

三、インターネットの西郷隆盛の肖像写真

インターネットに「西郷隆盛の肖像」のキー・ワードを入力すると、上のような肖像画をはじめ、実に多種多様な肖像画が出てきます。（写真３）

「西郷隆盛の写真ドイツより発見される」「発見！西郷隆盛の本当の顔」「私達が知っている西郷隆盛の顔は偽物だった!!」など、どのサイトもセンセーショナルな見出しですが、いずれもその結論は「？」を付して終っているのが共通した特徴です。

次頁の額入りの「西郷隆盛像」（写真４）は、郷土史に造詣の深かった故園木馨氏にいただいたものです。

西郷隆盛の変名「菊池源吾」の遠祖「肥後西郷家」の

出自地とされる菊池市七城町西郷（増永地区）では、旧家の鴨居に掲げてある「西郷隆盛像」の複製ということでした。但し、最近の新築の家にはないそうです。

前掲写真3の上段一番右の肖像画は、大牟礼南塘が昭和二（一九二七）年に制作した油絵ですが、おそらく西郷没後五〇年祭に描いたものと思われます。それに左の「西郷隆盛像」（写真4）は酷似しています。

しかし、よく観察してみると、髪の形・眉の太さ・耳の形などに若干の違いがあって、顔自体が濃い感じに見えます。最も違っているのは羽織の紋で、大牟礼南塘の方は「南州神社の社紋」のようですが、これは「丸に十の字」の島津宗家の紋になっています。この紋をつけたのは『近世名士写真』（国会図書館蔵）にありますが、しかし、髪型が違い、羽織の白い紐が見当りません。

そうしますと、大牟礼南塘の油絵「西郷隆盛像」をすべて模写したのではなく、それを手本に誰かに描か

写真4　西郷隆盛像
（園木馨氏贈）

せたものか、大牟礼南塘まがいの複製が出回っていたのを、増永集落で一括購入したとも考えられますが、その真相は今のところ不詳です。乞御教示。

ただ増永地区の各家々が同じ「西郷隆盛像」を所持している背景には、「菊池源吾」との関係を、住民たちが強く意識し、かつ誇りとしている証左になり、そのこと自体に非常な関心と興味を覚えています。

四、西郷隆盛の肖像写真がない

『西郷隆盛・孤高の英雄全軌跡』（別冊『歴史読本』二四号、新人物往来社、二〇〇八年）には、「西郷隆盛像」として、①昭和二（一九二七）年の西郷没後五〇年祭に描いた肥後直熊の作品、②直接西郷に面識がないのに、師匠の黒田清輝の指導の下で描いた佐藤均のもの、③東京美術学校洋画科で学んだ時任鵬熊が大正年間（一九一二〜一九二五）に制作したもの、④薩摩藩絵師の馬場伊蔵に師事した郡山静遊庵の描いたもの、⑤薩摩藩の日当山温泉で西郷を垣間見た逸話を残す服部英龍のものなどが掲載されています。

しかし、いずれも西郷隆盛と直接対面して描いた肖像画ではありませんし、西郷を知る者から聞いた容貌や画家自身の思いで表現したものであり、しかも描かれた時期は、西郷隆盛の没後かなりの時間が経過してからの作品です。

仮に似ていても肖像画であり、決して「肖像写真」ではありません。西郷隆盛には「肖像写真がない」ということは、西郷隆盛の実子・菊次郎（初代京都市長）の「父は写真は一度もとらぬ」という有名な証言があります。

イタリア人印刷技師のエドアルド・キヨソネ（一八三二〜一八九八）が描いた西郷隆盛の銅版肖像画は、菊次郎によれば兄弟や近親の顔の一部分をツギハギし、「どうやら父の俤《おもかげ》に似たもの」といった鉛筆画が基になっていて、「今世の中に在る父の肖像画中、比較的正確のもの」と言ったとのエピソードがあります（『西郷隆盛全集』第六巻）。

また、増田宗児氏はその著『西郷隆盛と徳之島』（浪速社、二〇〇六年）で、はっきりと「西郷隆盛を写した写真が一枚もない」と断言し、その根拠として、つぎの数点を上げています。

(1)西郷隆盛は、盟友の大久保利通が自慢気に自分の写真を送りつけてきた時、「如何にも醜態を極め候間、もう写真取りは御取止め下さるべく候。誠に御気の毒千万に御座候」と認めていた。

(2)明治天皇から西郷隆盛の写真の所望があった時、身命を捧げて惜しまぬ西郷隆盛であったが、仰せに反して、どうしても写真を撮らなかったというから、本物の写真が存在するはずがない。

(3)江戸城の無血開城の相手・勝海舟が和服姿に刀を杖にした写真に、「奉呈　西郷大兄　勝海舟義邦」と署名して送り、西郷隆盛の写真を欲しがったが、海舟にも送らなかった。

(4)明治八（一八七五）年に来日したキヨソネが、西郷隆盛の肖像画を描いているが、これは弟の西郷従道や従弟の大山巌などを参考に描いたといわれている。この他にも石川静正・服部英竜・床次正精・大牟礼南塘・肥後直熊なども西郷隆盛の肖像画を描いているが、大きな眼、太い眉、引き締まった唇、豊かな頬、堂々たる体躯などが共通している。

(5)高村光雲が丹精こめた上野の西郷隆盛銅像の除幕式に参列した西郷イト（糸子）夫人は、一目見て「うちの人は、こげな人じゃなかったのに」と不満をもらし、「目玉は確かに大きかったが、眼差しは何となく慈愛のこもった、やさしい眼差しであった」といった。

また、愛犬を連れて狩に出た着流しの姿を「うちの人は、礼儀正しい人で、相手がどんな身分の人でも、いつもきちんとした服装で応対し、おごったり、高ぶったりする事もなく、言葉使いも丁寧でした」と批判した。

おそらく以上のように徹底した写真嫌いの西郷隆盛の実子・菊次郎が、「父は写真は一度もとらぬ」といったことは、かなりの信憑性があるのではないかと思っています。これは「西郷隆盛の肖像写真がない」ということの十分な証左になり得ると思われます。

菊次郎はどうして父・西郷隆盛の肖像画作りにこだわったのでしょうか。父・隆盛の兄弟や近親の顔の一部分をツギハギしてまで完成させ、「どうやら父の俤《おもかげ》に似た」鉛筆画を描いたのですが、その契機と理由はどこにあったのでしょうか。

しかも、菊次郎をして、「今世の中に在る父の肖像画中、比較的正確のもの」と言える出来栄えでした。これは単なる自画自賛ではなく、本当に父・西郷隆盛の面影を描き出せた喜びと安堵感であったのかもしれません。

五、「フルベッキ群像写真」の西郷隆盛

「フルベッキ群像写真」の西郷隆盛については、すでにその根拠がないことを、西

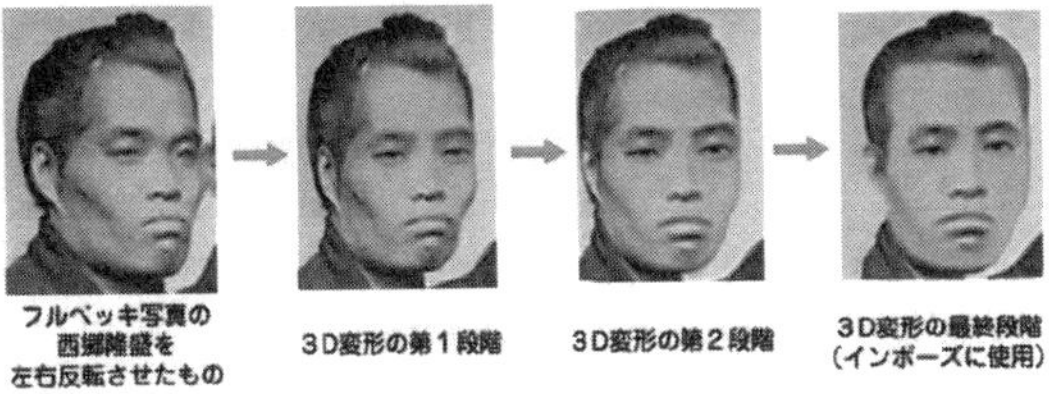

写真５　インターネット掲載の西郷隆盛の肖像写真（２）

郷隆盛の薩摩藩での役職「参与」などから、その証明を試みましたが、インターネットには、最新の３Ｄを活用し、変形を試みたものも掲載されています。（写真５）

この試みに先立つのが、肖像画家・島田隆資氏が日本歴史学会編集『日本歴史』三〇八・三三二号（吉川弘文館、一九七三・一九七五年）に掲載した論文「維新史上解明されてない群像写真について」でした。

島田氏は肖像画家の眼から、慶応元（一八六四）年、長崎の上野彦馬写真場で、フルベッキを中心にした四六人の群像写真の各人物について、顔の上中下層の比率（構図法）や額・眉毛・目・鼻・耳・口・骨格などの詳細な部分比較を行ない、また文献資料により、群像写真のほぼ中央に写っている人物は西郷隆盛（写真６）と確定できるとし

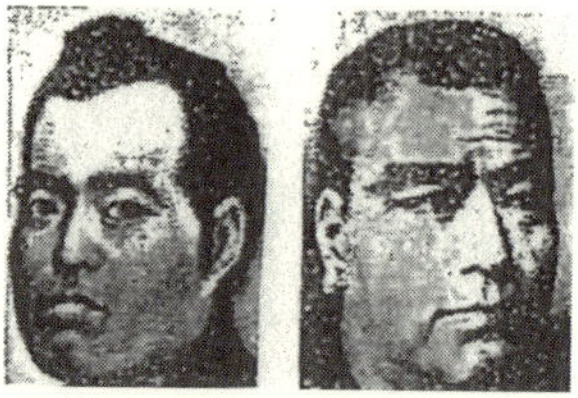
写真６　島田隆資氏の比較写真

ました。
　この論文に接した時、肖像画家という専門家の研究であり、なかなか説得力もあったので、強い興味と感心を持ち、この「フルベッキ群像写真」は幕末の志士たちの集合写真である可能性が高いと思ったこともありました。しかし、既に述べたように、現在では西郷隆盛本人という確証はまったくないとの結論に達しています。

六、平野五岳の西郷隆盛肖像画

　以上見てきたように、幕末・維新期において西郷隆盛ほどの立役者でありながら、どんな顔であったのか、その本当の容貌がわからないのは珍しいことです。またはっきりしないもどかしさを感じているのは私だけではないでしょう。

今から一三年程前、大分県日田市の専念寺を訪ね、そこで西郷隆盛の肖像画を見せてもらったことがあります。それは平野五岳上人（一八〇八〜一八九三）によって描かれたものでした。

専念寺のパンフレットによれば、平野五岳（写真7）は、文化六（一八〇九）年に日田郡渡里村（現・大分県日田市吹上町）長善寺前房正念寺の僧侶・小松恵禅の子として生まれ、八歳の時に日田郡竹田村（現・日田市亀山町）にあった当時願正寺の前房専念寺僧侶・平野恵了の養子となって、五条山専念寺の第六代住職となった人物でした。

写真７　平野五岳肖像画
（パンフレットより）

文政二（一八一九）年、一一歳の時に広瀬淡窓の咸宜園に入門、漢詩は淡窓に、書画は貫名海屋に、南画は田能村竹田に師事し、後に「三絶僧」と称されました。

平野五岳は、初代日田県知事・松方正義から「二人の智謀家、右に広瀬林外、左に五岳」と評された程の人物であり、その南画は、明治元（一八六八）年に松方正義を通じて、大久保利通に贈られて重宝がられています。

明治六（一八七三）年、オーストリアのウィーンで開催された万国博覧会や同一〇（一八七七）年の第一回内国勧業博覧会には書と南画を出品、五岳の名は一躍全国に広まり、同九（一八七六）年に、明治天皇の大久保邸臨幸の折に献上した五岳の南画二点は御物となっているそうです。

五岳の漢詩は、中国の白楽天の詩風に似て、非常に親しみやすく、明治一〇年六月、西南戦争の戦跡慰問の途上で、谷干城らが籠城していた熊本城を訪れた際に詠じた「丁丑夏日　熊本城下作」は、明治一四（一八八一）年の第二回内国勧業博覧会で作詩賞を授賞しています。

文人肌の平野五岳は、生涯「人生無事」を貫き通し、一切官職の誘いを断って就きませんでした。そんな五岳に明治九（一八七六）年、大久保利通から西郷隆盛の挙兵を思い止まらせるために「西郷にあってほしい」との依頼があり、五岳は同一〇月に

鹿児島を訪れ、西郷隆盛と直接面会しています。その時の隆盛の姿を一〇年後に描いたのが、左の西郷隆盛像です。（写真８）

専念寺のパンフレットには、「西郷の数ある肖像画の中でも、実際に西郷に面会できた者が描いた物は極めて少なく、五岳が西郷と面会したのが、西南の役勃発の直前のことであり、西郷の最晩年の姿としても貴重な資料であろう」と記されています。

この西郷隆盛肖像画を見ると、その筆遣いは確かに南画風です。大きな眼、太い眉、引き締まった唇、豊かな頬などの容貌と堂々たる体躯は、いずれもキヨソネや石川静正・服部英龍・床次正精に共通しています。

写真８
平野五岳の西郷隆盛像

ただ他の画家と違って、「丸に十の字」の紋付姿は、むしろ前掲の七城町西郷の増永集落にある「西郷隆盛像」と同じで、ただ顔の向きが逆になっています。

この肖像画が明治一九（一八八六）年頃に描かれたとすれば、キヨソネが明治一六（一八八三）年に描いた西郷隆盛の銅版肖像画を見る機会があり、多少の影響があったと考えられます。

しかし、隆盛本人に直接会った五岳には、すでに当時は南画家・書家として名声を博していたプライドがあり、極力自らの第一印象とその記憶を大切にし、それを最優先に描いたことは間違いないでしょう。そんな意味からも、五岳の描いたこの肖像画は最も隆盛の実像に近いものかもしれません。

平野五岳は、明治二六（一八九三）年三月三日、辞世の和歌「いざ西へ向かいて先に出かけ候、そろそろござれ、後の連中」を残し、八五歳で大往生しました。没後六年後の明治三二（一八九九）年、夏目漱石がこの専念寺を訪ね、「詩僧死して只凩《こがらし》の里なりき」の俳句を墓前にささげています。漱石にとって第五高等学校の最後の年でした。

おわりに

西郷吉之助の正式名は「隆永」でしたが、周辺の親しき友さえ正確には知らず、父親の名前を言ったため、政府の公文書には「隆盛」と記され、吉之助が「それでよい」といったので、正式名が「西郷隆盛」となってしまった経緯がありました。

「フルベッキ群像写真」の中央に立つ人物を西郷隆盛に比定した背景も経緯もわかりませんが、西郷隆盛の置かれた時代背景や状況から隆盛に比定することは「不可能」と判断しました。如何でしょうか。

西郷隆盛余話あらかると

はじめに

西郷隆盛（正式名は隆永）にはまだ未解明の部分がかなり多く、これまで数多いインターネット投稿者たちとは違った視点から、私なりの調査・研究をやってきました。それをもとに、その気掛かりな点を、私見を交えながら考察してきました。あれだけ有名な西郷隆盛でも、これまで述べてきたように、まだ歴史的に分かっていないところが沢山あることを理解していただけたと思います。

ここで「西郷隆盛余話あらかると」のサブタイトルで、西郷隆盛と関係の深い人物として、横井小楠・長岡監物・勝海舟・坂本龍馬・橋本左内などを取りあげてみます。これらの人物と西郷隆盛の関係を、読後に皆さん各自で総合的な西郷隆盛像を構成してみてください。

登場する人物は、私が横井小楠研究を深めていく上で、避けて通れない人物ばかりで、その小楠に焦点を当てた調査・研究で得たものの一部を紹介するのですが、果たしてどれだけ「西郷隆盛の真像にせまる」ことができるか、まったく自信はありません。しかし他の西郷隆盛研究者にはない新しい見方も幾らかあるのではないかと思っています。

一、「敬天愛人」の「実体験」

西郷隆盛の有名な「敬天愛人」については、すでに「奄美大島・龍郷紀行」で触れましたが、もっと詳しく「敬天愛人」の背景を見ていくことにします。

「敬天愛人」はもう完全な四字熟語として、西郷隆盛ファンのみならず、誰でもよく知っている言葉で、その意味について西郷自身が「道は天地自然の物にして、人の之を行ふものなれば、天を敬するを目的とす。天は人も我も同一に愛し給ふゆゑ、我を愛する心を以て人を愛する也」(『西郷南州遺訓』)と書いています。

これは、西郷隆盛自身が多大な思想的影響を受けた孟子の「愛民」・「育民」思想に、キリスト教の「隣人愛」をミックスしたような内容となっていますが、西郷隆盛が果してキリスト教に関心があり、特に「隣人愛」とか「博愛主義」を理解していたかどうかは分かりませんが、少なくとも西郷隆盛の「愛人」思想は、思想的には支配者側の役人的な思考からは完全に脱皮していて、自らを人民側に置いていた証と思っています。

西郷隆盛が三度にわたって流刑された時期は、かつて調所広郷が藩政改革の重要な政策として三島(奄美大島・徳之島・沖永良部島)方の「黒糖総買入制」を導入、黒糖の専売制を強行した所謂「黒糖地獄」と称された島人収奪が行なわれていた真只中でした。

その一例が琉球王国の宮古島での「人頭石」（賦測石、高さ一四三センチメートル）の設置（写真1）でした。背丈がその石の高さを越えた島人は、年齢に関係なく全員に課税されました。西郷隆盛は「菊池源吾」・「大島三右衛門」・「大島吉之助」の変名を使用しながら、奄美大島・徳之島・沖永良部島の三島の「黒糖地獄」の実態に遭遇することになります。

写真1
人頭石（沖縄県宮古島）

一回目は、井伊直弼大老の「安政の大獄」の追求を遁れるため、「菊池源吾」に変名した龍郷での三年間の流謫生活でした。龍郷に居住しながら、奄美大島の島人たちが強いられた「黒糖地獄」の実態と過酷な生活を直接見聞しました。

支配者側にいた西郷隆盛は大きな衝撃を受け、その有様を大久保利通や有村俊斎に「松前藩の蝦夷政策より黒糖政策が酷い」と書き送っています。その一方で、代官・相良角兵衛に直接面会して、処罰された島人たちを解放させたり、自分の扶持米を困窮した島人たちに分け与えたり、また島人側からの訴えに対する民情改善まで提案しています。

落合弘樹氏著『西郷隆盛と士族』（幕末維新の個性四、吉川弘文館、二〇〇五年）では、「敬天愛人」の言葉には、三度目の流謫地、沖永良部島の知識人が体得していた「琉球の思想」によって肉付けされたと記されています。

個人的には、その時期は流謫地である奄美大島の龍郷での最初の「実体験」、即ち「菊池源吾」の「人民」観に大きな影響を与えた龍郷での島人と出会い、中でも島妻《あいご》・愛加那の存在と島人たちとの生活を通した一体感という「実体験」が「敬天愛人」の原初であったと考えています。

龍郷での「実体験」が、その後の西郷隆盛をして、心底から「敬天愛人」と言わしめた母体と思います。そして、この「実体験」は、つぎにみるように、徳之島での

「大島三右衛門」、沖永良部島での「大島吉之助」の変名での「愛人」的な具体的な「実言行」に繋がり、西南戦争時の「西郷吉兵衛」(西郷隆盛)に、その三島での「愛人」的「実体験」がそのままよみがえったと考えています。

また、徳之島出身の益田宗児氏の『西郷隆盛と徳之島』(浪速社、二〇〇六年)を読んで、「敬天愛人」の血肉化の背景には、さらに第二回目の徳之島流刑、第三回目の沖永良部島流刑の辛苦な体験があったことを一層強く感じました。少し紹介することにします。

二回目の流刑は徳之島での七五日間の生活でした。西郷隆盛が寵愛・厚遇された島津斉彬(一八〇九~五八)の死後、藩主・島津忠義《ただよし》の父・久光(一八一七~八七)が、国父として薩摩藩の主導権を掌握した時も、西郷は歯に衣を着せることなく、「久光公は田舎者で、斉彬公の足下にも及ばん」と批判してしまいました。

島津久光(写真2)は、文久二(一八六二)年に「公武合体」を推進するために、藩兵を率いて上洛を決行、四月には突如久光派の有馬新七らを京都で斬殺する所謂「寺

写真2　島津久光

田屋事件」を起こしたことは余りにも有名です。

その後、久光は朝廷の幕政改革の勅命を受け、公家の大原重徳《おおはらしげとみ》とともに江戸に赴き、幕府に幕政改革の実施を要求し、これが「文久の幕政改革」の端緒となりました。また、皮肉にも幕府の弱体化が露呈する契機にもなりました。

しかし西郷隆盛は、これらの久光の「公武周旋」の行動を「甚だお粗末」と反対、具体的な対案を示しましたが、久光の忌諱に触れ、同年四月には鹿児島に護送されました。さらに藩命によって、六月一七日に徳之島の岡前村に流刑され、「大島三右衛門」と変名しました。一カ月後の七月一七日には、間切横目・琉仲為の勧めで松田勝傳の家に移り、琉仲為の養子・仲祐と師弟の契りを結んでいます。

その「大島三右衛門」が見たのは奄美大島同様の「黒糖地獄」でした。徳之島では、

①砂糖キビ以外の作物栽培一切禁止、②入用品物はすべて砂糖キビと交換、③島民に不利な交換比率の設定ばかりでなく、「抜糖死罪令」が施行されていました。「大島三右衛門」は代官・上村笑之丞に直接交渉し、改善・改革を実施させ、島人から「救世主」と崇められました。

同年八月二七日に、琉仲為の計らいで、龍郷にいた愛加那は菊次郎と七月に生れたばかりの菊子を伴い、徳之島岡前村の「大島三右衛門」を訪ねてきましたが、二日後には愛加那親子を龍郷に帰しています。愛加那親子とあったその日、島津久光から徳之島での改善・改革を理由に、沖永良部島への遠流の藩命が下っていました。

そして三回目では「大島吉之助」と変名し、藩命により「船牢」にて徳之島を出て、閏八月一四日に沖永良部島の伊延《ゆぬび》港に着き、一六日には和泊村の獄舎に入牢となりました。間切横目・土持政照および家族の厚遇を受け、ここでも島人のために「社倉趣意書」を書いています。

そして、「大島吉之助」は元治元（一八六四）年二月二二日までの約七ヵ月間、土持が自費で修繕した座敷牢で過ごしました。藩命で許されて鹿児島に帰着後、西郷隆盛は直ちに砂糖買上の改革意見書を藩に提出、「三島人民の窮苦」を訴えました。

西郷隆盛の「敬天愛人」は、以上のように「流刑人」でありながら、三島の島人たちの親身で心温まる血の通った待遇と、同時に「黒糖地獄」の窮苦の「実体験」により、心底から発せざるを得なかった言葉であり、彼の不動の信念に裏打ちされた堅固な思想の真骨頂となりました。盟友・大久保利通との違いを際立たせる名言です。

二、長岡監物と橋本左内の仲介

私は横井小楠の研究者ですが、これまで西郷隆盛（変名・菊池源吾）についても調査・研究してきました。その結果、西郷隆盛の人間的な魅力が奄美大島の龍郷での三年間を始め徳之島・沖永良部島での流謫の中で培われたという結論に達しています。

その労苦は西郷隆盛という人物を思想的に成長させ、幕末・維新という日本史上の激動期を迎え、はじめて西郷隆盛らしい真骨頂を発揮させたのではないかとの思いを一段と強くしています。

また幕末・維新という時代を考える場合、西郷隆盛・勝海舟・坂本龍馬・横井小楠などの著名な個人が時代を動かしたのではなく、彼らの誰一人欠けていない「幕末・維新の群像」という表現の方が最も適当であると改めて気付かされました。幕末・維新の正しい理解には、時代的キー・ワード「群像」が不可欠ではないかと思っています。

安政五（一八五八）年四月に、井伊直弼が大老に就任すると、一四代将軍の継嗣と日米修好通商条約の調印を踏絵に、反対する諸侯や尊攘の志士たちへの大弾圧、即ち「安政の大獄」を断行しました。

この間、越前藩主・松平春嶽らの謹慎、同藩士・橋本左内や長州藩の吉田松陰らはデッチあげられた罪状で刑死を余儀なくされました。西郷隆盛が月照和尚をかばって、鹿児島まで逃避したのも、この「安政の大獄」の執拗な追及から逃れるためでした。

写真３　長岡監物

前年の安政四（一八五七）年には、一四代将軍の継嗣問題で、井伊大老・譜代派の推薦する紀伊藩主・徳川慶福《よしとみ》と親藩・外様派の押す一橋慶喜が対立していました。西郷隆盛と長岡監物（写真３）は、越前藩主・松平春嶽の命で、一橋慶喜の擁立に奔走する橋本左内を支援していました。

以上の歴史的背景のもとに、安政四年の肥後藩家老・長岡監物と西郷隆盛の書翰（細川家史料編纂会編『肥後藩国事史料』〔旧版〕、一九一三年）により、両人の関係と橋本左内と横井小楠についても見ていくことにします。

安政四年一一月、西郷吉兵衛（隆盛）は、江戸に赴く途中、熊本に止まり、長岡是容（監物）を訪問し、「時事を謀議したり。是容喜んで其の肺肝（心の奥底）を吐露し、各藩志士相呼応して、国事に尽瘁（尽力）すへきを誓」い合っています。

西郷隆盛が「頻りに越前藩士橋本左内の為人《ひととなり》を称揚す」るので、監物は「既に其の有為の人たるを知る。今又西郷の言を聞き、左の書（省略）を西郷に托して、橋本に贈」っています。

安政五（一八五八）年七月三日、長岡監物からの在江戸の西郷隆盛への書翰では、「固《もとよ》り紀州（徳川慶福）に落着いたし候えば、天下の大変にて、方今越侯（越前藩主・松平春嶽）なくんば無力候え共、幸いに越侯在り為されながら、一橋侯（一橋慶喜）を立て得られずしては遺憾浅からざる而已《のみ》」と、越前藩主・松平春嶽を支持し、かつ隆盛に左内が一層一橋慶喜の擁立に奔走・尽力するように認めています。

長岡監物は、すでに安政二（一八五五）年に、横井小楠とは実学思想の相異から「義絶」（同門者間でその縁を絶つこと）していました。詳細は拙著『横井小楠の実学思想』（ぺりかん社、二〇一一年）を参照してください。

その横井小楠は、前掲の書翰の直前、安政五年四月にはすでに越前藩に招聘されていました。「義絶」したはずの監物は、その招聘された小楠に「中垣の　へたてはあれと　へたてなく　いのるはおなし　みちのゆくすゑ」（中垣の　隔てはあれど　隔てなく

写真４　橋本左内

祈るは同じ　道の行く末）と詠じています。

また、同じ書翰で、監物は小楠が越前藩での「非常の御取扱い、御懇篤の至り」と、「小子も深く有り難く存じ奉り候」と喜び、そのことを橋本左内（写真４）に伝言してほしいと、西郷隆盛に頼んでいます。

その一方で、長岡監物は小楠登用について、「諸事教導を任され候儀は、一旦は興起（興隆）到すべく候え共、後年弊害は生じ申すべく候。夫れよりも君侯其の説を御聞き成られ候て、御取捨在り為され候わば、必ず大いに御有益も御座候半《はん》と相考え申し候」と注意を促し、また小楠は「非常の活見之れ有る男にて、是れ其の人第一の長所にて御座候」と評し、さらに「右等の事も御序でには、橋本へ御話し下さるべく候」と認めています。

すでに詳しく紹介しましたが、安政五（一八五八）年一二月一九日に、今度は西郷隆盛の方が長岡監物に書翰を送っています。これは、一一月に月照和尚と錦江湾に投身自殺して、隆盛のみが蘇生し、龍郷に流謫《るたく》（島流し・流刑）される直前の書翰です。

その中で、西郷隆盛は「私事、土中の死骨にて忍ぶべからざる儀を忍び罷り在り候」とか「天地に耻ケ敷（恥ずかしき）儀に御座候得《え》共」、「皇国の為に暫く生を貪り居り候事に御座候」と、急に幕末の第一線から退かざるを得なかった当時の心境を認めています。

また追啓では、上記の状況の中での西郷隆盛は、自身の置かれた立場を揶揄した「西郷三助」（銭湯の使用人）と変名したこと、しかし一〇日もせずして「直様改名仕り候様申し聞かされ、変名」を「菊池源吾」としたこと、幕府に対しては「死亡の筋に申され、切賦（俸禄中止）の由」などについて記しています。

その隆盛に、長岡監物は「君の為、身をすて、小ふねすてゝまた、思へはさわく、波も風なし」（君の為め、身を捨て、小舟捨ててまだ、思えば騒ぐ、波も風なし）の和歌を贈っています。おそらく隆盛は、その和歌を胸に流謫地の奄美大島の龍郷に向かったと思われます。

三、横井小楠との接点

西郷隆盛と横井小楠の接点を考える時、勝海舟の『氷川清話』の「おれは、今まで天下で恐ろしいものを二人みた。それは横井小楠と西郷南州だ。おれはひそかに思ったのさ。もし横井の言を用いる人が世の中にあったら、それこそ由々しき大事だと思ったのさ。横井の思想を西郷の手で行なわれたら、もはやそれまでだと心配していたのに、はたして西郷は出てきたわい」は非常に有名です。

また『長岡雲海伝』(長岡是豪の伝記)には、勝海舟が佐久間象山に「今世間に人物が二人居る。横井と西郷吉之助である。横井の論を、西郷が持って来れば、防ぎがつかぬ。じつに横井の論は恐ろしい論である。(中略)幕府はたを(倒)れる」といったと記されています。

勝海舟が最初に江戸で横井小楠(写真5)と面会したのは文久二(一八六二)年一一月一九日、両者は大いに海軍について語り合い、意見も一致していました。その二年後の元治元（一八八四）年九月一一日、海舟は西郷隆盛と大阪で初対面、「雄藩連合」で意気投合、お互いに知友になったことになります。しかし、西郷と横井に直接の接点があったかどうかはわかりません。

小楠研究者の中には、沼山津の四時軒を西郷隆盛が訪ねたという話を、地元の古老に聞いたという人もいます。いつ頃だったのでしょうか。その時期が気になります。また、両者の出会いや面会を裏付けるそれらしい資料があったやに聞いたことがありますが、確実で信憑性のある資料はまだ発見されていないようです。

写真５　横井小楠

幕末に於ける両者の行動は相互に違っていて、接点が見出せないばかりか、両者の出会いや面会の可能性は時系列的に低いのではないかと推測しています。もし両者の出会いを裏付ける資料が発見されれば別ですが……。

ただ西郷隆盛と横井小楠に出会い・面会という形での直接的な接点はなかったにしろ、前掲の長岡監物の隆盛宛の書翰で紹介したことを含めて、両者は間接的にお互いにその存在や人となりを知っていた可能性があります。つぎの西郷隆盛の書翰や「遺教」などを通して、両者の別の接点を見ておきましょう。

『西郷隆盛全集』第一巻（大和書房、一九七六年）には、安政六（一八五九）年二月一三日付の税所《さいしょ》喜三左衛門（篤）・大久保正助（利通）宛の西郷隆盛書翰が所収されています。これは「菊池源吾」に変名して最初の奄美大島の龍郷からの第一信ですが、「肥藩の議論、誠に偏固の事と相考えられ申し候。横井に（まま、を）嫌い候とて可笑《おかし》なことにてこれある間敷や」との文面があります。解説には「来書に対しての返事」とあるだけで、その間の事情について、まったく説明がなされていません。

おそらく肥後藩では「学校派」（時習館守旧派）を筆頭に、「実学派」（時習館改革派）の横井小楠が、安政五（一八五八）年四月に福井藩の招聘に応じたことを、「二君に見《まみ》えた」との批判や批難が盛んだったことをさしていたのかもしれません。

これに対して、西郷隆盛は「誠に偏固の事」（頭注に、熊本人の偏固、頑固は有名。「もっこす」という）と記し、その横井小楠を嫌う肥後藩の体質を「可笑《おかし》なこと」と逆に批判していたことがわかります。

また、『西郷隆盛全集』第四巻には、明治三（一八七〇）年一二月の鹿児島藩士・坂元純熙《すみひろ》への教訓が所収されています。解説によると、「坂元純熙が、各藩状況視察のために出発しようとした時、所思を書いて、西郷に提出して教えを請うたら、数日して西郷が手書して答えたもの」ということです。

その中で、西郷隆盛は「熊本藩横井平四郎、壮年の砌、諸国遊歴いたし、国々人物を尋ね廻り、人材と彼あが（崇）め候人々、その後名を挙げざる者はこれなく、加州の長沼某と申す者只一人、其の名顕われざるよしに御座候」と認めています。

横井小楠（当時四三歳）は、嘉永四（一八五一）年二月一八日〜八月二一日の約半年間、徳富一義（徳富一敬の弟・熊太郎）と笠左一右衛門（笠夕山の子）を同行して「上国遊歴」に出ました。『遊歴見聞記』は徳富一義が小楠の報告を口述筆記したものです。

小楠がこれを京都から熊本の藩家老・長岡監物（是容）に送っています。おそらく西郷隆盛が、安政四（一八五七）年一一月に熊本城下で長岡監物に面会した際に、この『遊歴見聞記』を実際手にして読む機会があったのではないかと推測しています。

この『遊歴見聞記』は、小楠一流の観察眼による「情報収集リテラシー」を十分に発揮した精細な柳川藩から紀州藩までの二一藩の報告で、通過した各藩の地理や地形、河川では洪水の有無と防災の様子、各藩の士風、風俗とりわけ奢侈や節倹は詳述、各藩の制度、職制、施設、財政の状況から知行の手取り、特に郡政では実情調査や凶荒の対策、藩校はその学派、学統など、藩主の賢愚、学意や傑出人物などが記されています。

横井小楠は、この著の中で、長州藩の藩政改革の立役者・村田清風との面会の様子については書いていませんが、西郷隆盛が村田清風から聞いたつぎのような話を紹介しています。

「長州の村田四郎左衛門（清風《きよかぜ》）と申す人に面会致し候節、何等の訳にて天下を経歴いたし候歟。其の趣意如何と四郎左衛門問い掛け候由。然る処横井相答え候には、何れ天下の政一途に出候様これなく候はでは、只一国一国の政事にては相済まずと心付き、彼に長じ候処もこれあり、是に得たる処もこれあるべく候に付き、是非得失を考え合わせ、一途政体相居り候処念願にこれあり、遊歴いたし国政の善悪を視察致し候旨申し述べ候」

村田清風が、その藩の政治の善悪・是非を知る規準を問うたところ、小楠は「士の容体質朴なるは必ず士風盛んなる処、又町家の繁栄なる所は其の国の富みたる処、農政行き届き民心を得候所は必ず仁政の行われ候処」、「其の事の挙り候所は、其の国に人材これあるべく候に付き、其の人に問うて細目を正し、本体を明らめ候処、多くは相違もこれなき趣申し聞き候」と答えました。

そこで、村田清風は「今一事見処これあり候が心付かざるや」と問い掛けますが、小楠の「考え当たらず…教え呉れ候」との頼みに、「市中に玩物多く売物これあり候処、決って奢美の国にこれあり候」と答えています。西郷隆盛は、小楠が遊歴中に頭を下げた人物は「村田一人」と記しています。

最後に「横井の一条御書載これあり候故、由来を委敷《くわしく》相記し申し候」とあります。これに関して「御書載」の頭注では、万延元（一八六〇）年の『国是三論』となっていますが、この時期は龍郷で流謫中であり、前後の文意から『遊歴見聞記』の方が適当と思われます。西郷隆盛自身の勘違いか、頭注者の誤りのいずれかでしょう。

なお、この村田清風の問への応答は、ペリー来航の二年前の嘉永四（一八五一）年の段階であり、小楠には「各藩」を越えた「日本国」の視点が、すでに芽生えていた証にもなります。

四、勝海舟とは盟友関係

勝海舟（写真6）は、『氷川清話』の中で、「おれは、今まで天下で恐ろしいものを二人見た。それは、横井小楠と西郷南州とだ。（中略）その後、西郷と面会したら、その意見や議論は、むしろおれの方が優るほどだツたけれども、いはゆる天下の大事を負担するものは、果して西郷ではあるまいかと、またひそかに恐れたよ」といっています。

また、「西郷は武人の枠にはめられる人物ではない。彼は政治家や役人ではなく、一個の高士（人格の高潔な人）だ」（木原三郎著『愛加那記』、一九七七年）といっています。

江藤淳・松浦玲編『勝海舟・氷川清話』（講談社学術文庫、二〇〇四年）によれば、この両者の最初の会談は元治元（一八八四）年九月一一日でした。当時海舟は、神戸の海軍操練所から、老中・阿部豊後守（正外《まさと》）に呼ばれて、大坂まで出て来ていました。西郷隆盛の方は「第一次長州征伐」には熱心で、幕府の戦争準備の手ぬるさがはがゆくて、軍艦奉行の海舟の意見を問い質《ただ》す目的での面会であり、両者は最初から対決的な立場にいました。

写真６　勝海舟

しかし海舟は、この会見で、「幕府の腐敗しきった内情を暴露し、雄藩の手で政治を一新しなければだめだ」と説き、これを聞いた西郷は、はじめて「薩摩を反幕府の方向に踏み切らせるきっかけ」になったといいます。ここに西郷隆盛の時機を見る確実な眼力が見て取れます。

会談を終えた西郷隆盛は、同月一六日付の大久保利通宛の書翰で、その時の様子を「勝氏へ初めて面会仕り候ところ、実に驚きいり候人物にて、最初打ち明け賦《ばなし》（思うことを述べるの意）にて、差し越し候ところ、頓と頭を下げ申し候。どれだけの智略これあるやらしれぬ塩梅《あんばい》に見受け申し候。先ず英雄肌合の人にて、佐久間（象山）より事の出来候儀は、一層も越え候はん。学問と見識においては、佐久間抜群の事に御座候えども、現事に候ては、この勝先生とひどくほれ申し候」と送っています。

その後、勝海舟は、明治元（一八六八）年三月一三日に高輪の薩摩屋敷で、翌一四日には田町の薩摩藩蔵屋敷で、二度にわたって西郷と会見（写真7）、四月一一日には、江戸無血開城を実現しましたが、正直なところ、西郷隆盛は敵方の智勇の将・勝海舟との一戦に意欲満々でした。

しかし、勝海舟は、その江戸開城の談判の様子を、「西郷なんぞは、どの位ふとつ腹の人だったかわからないよ。手紙一本で、芝、田町の薩摩屋敷まで、のそのそ談判にやってくるとは、なかなか今の人では出来ない事だ。あの時の談判は、実に骨だったヨ。官軍に西郷が居なければ、談《はなし》はとても纏《まと》まらなかっただらうヨ」と述懐、この一大事の場面で、物怖じも動じもしない度胸の据わった西郷隆盛にひどく感心しています。

写真７　西郷・勝会見の絵

その西郷隆盛は、海舟との談判で、海舟のいうことを「一々信用」し、「一点の疑念」も挟まず、「いろいろむつかしい議論もありませうが、私が一身に御引受けします」と一言だけ答えました。海舟は「江戸百万の生霊（生民）も、その生命と財産とを保つことが出来、また徳川氏もその滅亡を免れた」と感謝しています。

また勝海舟は、「この時、おれがことに感心したのは、西郷がおれに対して、幕府の重臣たるだけの敬礼を失はす、談判の時にも、始終座を正して手を膝の上に載せ、少しも戦勝の威光でもって、敗軍の将を軽蔑するやうな風が見えなかった事だ」と話しています。

これは、西郷イト夫人が、上野公園の西郷隆盛銅像の除幕式で、一目見て「うちの人は、こげな人じゃやなかったのに」と不満をもらし、また愛犬を連れて狩に出た着流しの姿を、「うちの人は、礼儀正しい人で、相手がどんな身分の人でも、いつもきちんとした服装で応対し、おごったり、高ぶったりする事もなく、言葉使いも丁寧でした」といった話と一致します。

また、『新聞集成明治編年史』第三巻（本邦書籍、一九八二年）には、〇「山猟り姿の西郷、愛犬をつれて、吹上御苑に伺候」（一〇・一七「郵便報知」）という記事を所収、天皇から狩に誘われた時の西郷隆盛のいでたちを紹介していますが、まさに臨機応変の装いだったようです。

その西郷隆盛が、明治一〇（一八七七）年に反政府的な西南戦争を引き起こし、「賊軍」の汚名を被りました。勝海舟は、そんな西郷隆盛のために、明治一二（一八七九）年には木下川浄光寺境内に西郷隆盛追悼の碑を建立しています。

さらに同一六（一八八三）年には薩摩出身の吉井友実・税所篤らと共に、西郷隆盛の名誉回復運動をはじめ、翌一七年には、遺児・寅太郎の参内で、父・西郷隆盛の名誉回復が実現しました。終始海舟は西郷隆盛と盟友関係を持ち続けた人物でした（墨田区教育委員会「勝海舟略年表」より）。

五、坂本龍馬の「鑑識力」

幕末期に活躍した歴史上の人物群像の中で、最も人気があるのは、西郷隆盛を抜いて、坂本龍馬であることは、西郷隆盛ファン自身が認めるところです。その坂本龍馬

写真８　坂本龍馬

（写真8）は、幕末期に彗星のように現れて消えていった人物です。

　龍馬のことを5／33（33分の5）と表現した書籍がありました。わずか三三年の短い生涯のうち、非常に活躍した時期が、文久三（一八六三）年閏八月頃に勝海舟に出会い、慶応三（一八六七）年一二月の暗殺までのたった五年であったという意味です。

　その前年の文久二（一八六二）年閏八月頃、松平春嶽の紹介で、横井小楠と江戸で面会し、坂本龍馬の時代的な開眼に最初のインパクトを与えていますので、横井小楠研究者の私としては、6／33（33分の6）とした方がより正確ではないかと思っています。

　前出の江藤淳・松浦玲編『勝海舟・氷川清話』では、勝海舟は元治元（一八八四）年九月一一日に西郷隆盛と初会見（七一頁注）となっています。その勝海舟が余りにも西郷隆盛を賞讃しますので、坂本龍馬は同年八月中旬頃、勝海舟の使者として西郷隆盛への添書をもらって、京都の薩摩屋敷に会いに行き、「成程西郷といふ奴は、わからぬ奴だ。少しく叩けば少しく響き、大きく叩けば大きく響く。もし馬鹿なら大きな馬鹿で、利口なら大きな利口だらう」と評しています。

但しこの勝海舟と坂本龍馬の西郷隆盛との初面会の月日に関しては、これ以外の参考書籍も同様ですが、どうも時系列的に前後しています。何故でしょうか。乞御教示。

海舟は、その龍馬を「なかなか鑑識（善悪・良否・真贋を見分かる識見）のある奴だヨ」と褒め、自らも「西郷に及ぶことの出来ないのは、その大胆識（大胆で優れた鑑識力の意か）と大誠意（並外れたまごころ、私欲を離れ、曲がったところのない心で物事に対する気持ち）にあるのだ」と、感慨深げに語っています（『氷川清話』）。

海舟は以上のように、西郷隆盛と坂本龍馬の優れた長所を正確に指摘・評価しています。その勝海舟が評価する坂本龍馬の鑑識力は、何といっても「天下之人物」、即ち「有能な人材」を具体的に人選する鑑識眼を持っていたところではないかと思います。

その坂本龍馬は、幕末期の日本に必要な人物名を、大政奉還以前とその直後の二度にわたってリストアップしています。宮路佐一郎編『龍馬の手紙』（講談社学術文庫、二〇〇三年）によって具体的に見ておきたいと思います。（　）内は引用者注です。

①慶応二（一八六六）年一二月四日の兄・坂本権平及び一同宛の書翰で、つぎのように記しています。

・「徳川家ニハ、大久保一翁、勝安房。越前にてハ、三岡八郎（由利公正）、長谷部勘右衛門。肥後ニ、横井平四郎（小楠）。薩にて、小松帯刀〔是ハ家老にて海軍惣大将なり〕、西郷吉之助（西郷隆盛）〔是ハ国内軍事に懸る事、国家之進退、此人ニ預る〕。長州にて、桂小五郎〔国家之進退を預る。当時木戸寛次郎（まま、貫治、木戸孝允）〕、高杉晋作〔此人ハ軍事ニ預る。此人下の関に出、小倉攻之惣大将、当時谷潜蔵〕」

②慶応三（一八六七）年一〇月一四日、大政奉還の翌々一六日、龍馬が暗殺される一

一月一五日の一ヵ月前に作成した「新官制擬定書」には、具体的に官職ごとに人選名を記しています。（写真９）

・関白　一人　公卿中尤徳望・智識兼修ノ者ヲ以テ、之ニ充ツ。上一人ヲ輔弼シ、万機ヲ関白シ、大政ヲ総裁ス。〔暗ニ公（徳川慶喜）ヲ以テ、之ニ擬ス〕

・議奏　若干人　親王・公卿・諸侯ノ尤モ徳望・智識アル者ヲ以テ、之ニ充ツ。万機ヲ献替シ、大政ヲ議定敷奏シ、兼テ諸官ノ長ヲ分掌ス。〔暗ニ島津・毛利・山内・伊達宗城《むねなり》・鍋島・春嶽諸侯、及岩倉・東久世・嵯峨・中山ノ諸卿ヲ以テ、之ニ擬ス〕

写真９　「新官制擬定書」

・参議　若干人　公卿・諸侯・大夫・士庶人ヲ以テ、之ニ充ツ。大政ニ参与シ、兼テ諸官ノ次官ヲ分掌ス。〔暗ニ小松・西郷・大久保（利通）・木戸・後藤（象二郎）・三岡八郎・横井平四郎・長岡良之助（細川護美）等ヲ以テ、之ニ擬ス〕

西郷隆盛に関していえば、①では「西郷吉之助（西郷隆盛）を「国内軍事に懸る事、国家之進退、此人ニ預る（引き受けさせる）」と評し、②では「参議」として重要な人物としています。

これらの龍馬の具体的な人選眼力は、「天下の世話は実に大雑把、異なるものにて、命さへ捨てれば、おもしろき事なり」という命を張った直接行動の中で培われたものでした（『龍馬の手紙』慶応二〔一八六六〕年一二月四日、姉・乙女宛）。

この「有能な人材」の登用に関して、横井小楠は龍馬より一四年前の嘉永六（一八五三）年に著した『夷虜応接大意』の中で、すでにその重要性を指摘していました。さらに安政二（一八五五）年一一月三日付の立花壱岐宛の小楠書翰でも、幕府の「有能な人材」登用の重要性を強調していましたが、具体的な人物名のない「一般論」でした。

また勝海舟の『氷川清話』では、より具体的に人物名が一番まとまって登場してきますが、しかし、これらの人物群は海舟の「回顧談」の中で登場するものであり、龍馬のような歴史の進行中の人物名ではありません。坂本龍馬の人物に対する鑑識力の確かさと凄さを同時に垣間見る思いがします。

西郷隆盛にも安政期に政治的な立場での「人物審察」があり、幕府や各藩の人物や面会人の名前が一五〇人ほど列記されています。その中には、肥後藩では長岡監物・横井小楠・荻角兵衛など実学党系の名があります。しかし、この「人物審察」は、大老・井伊直弼の将軍継嗣問題や日米修好通商条約調印に反対する同志になり得るかどうかを基準に人選したものです。

六、「知行合一」の人物

これまで勝海舟・坂本龍馬などの西郷隆盛の人物評をみてきましたが、慶応二（一八六六）年一月の「薩長同盟」（薩長連合）成立に、龍馬と共に仲介役となった土佐藩の中岡慎太郎は、西郷隆盛について、「この人、学識あり、胆略（大胆で知略）あり。

つねに寡言《かげん》（寡黙）にして、最も思慮深く、雄断（まま、勇断）に長じ、またまた一言を出せば、確然人の肺腑（急所）を貫く。かく徳高くして、人を服し、しばしば艱難を経て、事に老練す（多くの経験を積み慣れて巧みである）。真に知行合一の人物なり、これ即ち洛西第一の英雄にござ候」（木原三郎著『愛加那記』、一九七七年より）と評しています。この短い中岡慎太郎評は、一番的を射たかつ最も正確な人物評ではないかと思っています。

薩摩藩での藩士の子弟教育の基本は、「郷中《ごちゅう》教育」と藩校・造士館で、特に前者の「師弟同行」と先輩が後輩を直接指導する「異年齢集団指導」は徹底していました。

抑も「郷中教育」は、豊臣秀吉の朝鮮出兵に島津義弘が出陣する際、主君不在時の風紀の維持と子弟の鍛錬のために設けたものでしたが、新納《にいろ》忠元の『二才《にせ》咄格式定目』や島津家中興の祖・島津忠良（日新）の『日新公いろは歌』は、江戸時代の子弟教育の規範となりました。

「郷中教育」の中でも「うそをつくな」・「負けるな」・「弱い者をいじめるな」の三

項目を重視し、薩摩藩の武道第一・忠孝の重視、虚言・遅退の禁止などの「不言実行」の精神を涵養することにありました。西郷隆盛の「寡言」はこの「不言実行」の実践そのものでした。

また、『日新公いろは歌』の最初の「いにしえの　道を聞いても唱えても　我が行ひに　せずばかひ（甲斐）なし」（写真10）は、「知行合一」の精神を分りやすく簡潔に表現したもので、徹底した実践・実行の子弟教育の姿勢であり、西郷隆盛はまさしく「郷中教育」の体現者であり、生涯の行動原理の基盤となっていたことは言うまでもありません。

写真10
『日新公いろは歌』の碑

西郷隆盛は、この基盤があって、その上に大久保利世（大久保利通の父）や関勇助らに学問の指導を受け、さらに福昌寺の無参和尚のもとに参禅するなど、常に「修己の学」に専念していました。

さらに青年期には、朱熹と呂祖謙が編纂した『近

思録』から多大な影響を受け、「書は多く看るを必せず、その約を知らんことを要す」、「感慨して身を殺すは易く、従容として義に就くは難し」などの言葉は、隆盛の脳髄に完全に浸透していました。また、伊藤茂右衛門（潜龍）に陽明学を学び、さらに陽明学者・佐藤一斎に傾倒し、王陽明の『伝習録』を学んでいます。特に佐藤一斎の『言志四録』は、西郷隆盛にとっては座右の書でした。

西郷隆盛の学問は朱子学と陽明学の「朱王併学」でした。ただ教養の蓄積や博学を心がけるのではなく、多くの修練を経ながら、それぞれの教えの根本を血肉化し実践に移していきました。これらのすべてが「敬天愛人」の学問的基盤となっています（落合弘樹著『西郷隆盛と士族』、大谷敏夫「西郷隆盛と中国思想」『敬天愛人』第八号）。

即ち、西郷隆盛の生来の正義感・義侠心、それに決断力は、この「郷中教育」と朱子学を通して涵養され、さらに陽明学によって純粋培養された「知行合一」の精神は、より本格的なものになっていったといえます。それは「虎穴に入らずんば、虎子を得ず」（『後漢書』班超伝）や曾子の「自ら反《かえり》みて縮《なお》（正しいの意）くんば、千万人と雖も

吾往かん」（『孟子』公孫丑章句・上）の体得でもありました。

このような経緯のもとで鍛錬された西郷隆盛の正義感・義侠心・決断力は、単身で敵陣地に乗り込み、さしで談判し、解決の糸口を見出そうとする西郷隆盛の無謀とも思われる直接行動（落合氏は「得意技」と表現）の原動力となりました。

具体的には、文久三（一八六三）年「八月十八日の政変」後、長州藩への尊攘派七卿の引き渡しと伏罪の「説破」のため、「是非長に入りて殺されたい」と、大坂の長州屋敷に乗り込もうとしたことや、また元治元（一八六四）年一二月には、『第一次長州征伐』で敗北した長州藩との五卿の引き渡しの交渉に下関に行き、事態を劇的に解決したことなどでした。

さらに江戸開城の談判に、明治元（一八六八）年三月一三日に高輪の薩摩屋敷、翌一四日には田町の薩摩藩蔵屋敷での二度にわたって勝海舟と会見して、四月一一日には江戸無血開城を実現したこともあげられます。

その後、明治新政府が樹立され、西郷隆盛は坂本龍馬の鑑識眼の通り「国内軍事に

懸る事、国家之進退、此人ニ預る」参議となり、三職制では「陸海軍務科」の陸海軍務掛となり、また太政官制では「議政官」上局参与となりました。

明治四（一八七一）年七月の太政官制改正後、西郷隆盛は参議（明治四年六月〜同六年一〇月）となり、明治五（一八七二）年二月に「兵部省」が廃止され、「陸海軍省」が設置されると、西郷隆盛は陸軍大将となりました。

明治政府は明治四年一〇月、幕末に締結した「日米修好通商条約」（不平等条約）の改正交渉のために「岩倉遣欧条約改正交渉団」を派遣しますが、渡米直後の先進的なカルチャー・ショックで、当初の目的を単なる「岩倉遣欧使節団」（洋行派）に切り替えました。

派遣前に、留守居（残留派）を任された西郷隆盛らとの間で、「洋行中の国内変革はしない」と取り極めていましたが、西郷隆盛は戊辰戦争後の新政府への不平士族対策として、自ら主張する「征韓論」の実施を考え始めていました。西郷隆盛の「征韓論」の主張と真意は、板垣退助宛の書翰に「内乱を冀う心を移して、国を興すの遠略」云々

で明らかです。

西郷隆盛の脳裏には、単身、朝鮮王朝に乗り込み、大院君と直談判に及び、その結果自分が拘束または負傷することになれば、それを口実に朝鮮王朝への武力行使を正当化できるとの考えでした。

西郷隆盛は朝鮮王朝の大院君の鎖国政策に抗議・開港させるために、自らを朝鮮王朝に派遣するよう願い出て、明治六（一八七三）年八月には閣議決定、さらに天皇の許可も得るなど、その寸前まで漕ぎ付けていました。

しかし周知の通り、九月までに帰国した「米欧使節団」（洋行派）は「内治優先」を主張し、「征韓論」は時期尚早として、一〇月二四日に西郷隆盛の朝鮮王朝への派遣を延期しました。これに怒った西郷隆盛はその日、翌二五日には板垣退助・副島種臣・後藤象二郎・江藤新平らが参議を辞職して、一斉に下野してしまいました。

この「征韓論の政変」を契機に、西郷隆盛や板垣退助らによる反政府運動が始まりましたが、その反政府運動の方法は大きく二つに分れました。

一つは言論抗争で、明治七（一八七四）年一月、板垣退助ら愛国公党による「民撰議院設立建白書」の提出を機に、全国的な国会開設による薩長藩閥政府（有司専制）と憲法制定を要求した立憲主義を基調とした運動で、後の自由民権運動に引き継がれて行きました。

もう一つが西郷隆盛の鹿児島での私学校の開設と軍事教育の実施による武力抗争であり、明治一〇（一八七七）年二月の西南戦争に発展しました。その蜂起の理由は有名な「今般政府へ尋問の廉《かど》有之」ですが、一体西郷隆盛は明治政府に何を尋問するつもりだったのかは不詳のままです。しかも、その敗北によって霧散してしまいました。

西郷隆盛が「朱王併学」で修得したはずの徹底した「知行合一」の精神が、西南戦争という帰結であったことが残念でなりません。これまで見てきた各人の大胆でかつ冷静な思考判断ができるという西郷隆盛評の通りであれば、もっと西郷隆盛らしい武力抗争以外のまったく別の反政府抗争という選択肢があったはずではなかったかと思ってしまいます。

七、「対外的視野」の形成

これまで西郷隆盛に関する書籍は数多く読んできましたが、非常に気になっていることは、西郷隆盛＝「征韓論」という等式で論じられていることです。西郷隆盛の対外的関心の度合いについて、どの本でもほとんど真正面から取り上げられていません。また取り上げていてもごく簡単にしか扱っていません。

そこで西郷隆盛の「対外的視野」の形成について少し見ておきたいと思います。既述の通り、西郷隆盛は薩摩藩主・島津斉彬の寵臣、その斉彬は佐賀藩主・鍋島閑叟に勝るとも劣らない「蘭癖大名」、即ち「西洋かぶれ」の藩主で、多くの外国書籍ばかりでなく、『和蘭風説書』や『別段風説書』などによって、世界情報を積極的に入手していました。

以上のような状況下にあった西郷隆盛は、当然、島津斉彬同様、対外的な関心はかなり高かったと思われますが、どの西郷隆盛関係の書籍でも明確な記述がなく、西郷自身は一体対外的な関心があったのだろうかという感じさえ懐いてしまいます。

この疑問に答えてくれたのが、大谷敏夫「西郷隆盛と中国思想」（『敬天愛人』第八号）と落合弘樹著『西郷隆盛と士族』（吉川弘文館）でした。大谷氏は、島津斉彬は「蘭癖」藩主らしく、藩校・造士館には海外事情研究のために、当時話題の魏源編著『海国図志』を備え、西郷隆盛も読んで啓発され、海外事情に関心をもったと推定、さらに肥後藩の横井小楠との比較で論じていました。

また落合氏は、『西郷隆盛と士族』の中で、ただ一ヵ所だけ西郷隆盛の対外観について、つぎのように記していました。あまり具体的な記述ではないので、（　）内に注を補っておきました。

「西郷もポシェット（ポシエト）湾など清国領だった沿海州を手中にしたロシアの動向（「北京条約」、一八六〇年、ロシア・清国間に結ばれた沿海州専有に関する条約）に、政変（明治六〔一八七三〕年の政変、「征韓論政変」）以前から注意を払っていたが、有馬純雄の回顧によれば、トルコとの対立状況（一八五三年「クリミア戦争」、「露土戦争」ともいう）にも関心を抱き、ロシアがトルコを圧倒すれば、余勢は必ず極東に及ぶと観測していたという。また、樺太の放棄（一八七五年「樺太千島交換条約」）にも憤りを抱いていた」（二〇三～四頁）

この記述から、西郷隆盛の対外観、特に対ロシア観の一端を垣間見ることができます。即ち前半から、西郷自身が一八六〇年の「北京条約」に非常な関心を持っていたこと、また後半の「有馬純雄の回顧」からは、ロシアとオスマン・トルコの対立が発端となった嘉永六（一八五三）年から安政四（一八五七）年までのクリミア戦争と、その前後に関するロシアの動向を注意深く観測していたことがわかります。

この情報源は、蘭癖大名の島津斉彬が積極的に入手を試みた『和蘭風説書』や『別段風説書』によるものと思われます。ただ『和蘭風説書』には、具体的なクリミア戦争に関する記述がありません（日蘭学会・法政蘭学研究会編『和蘭風説書集成』下巻、吉川弘文館、一九七九年）。その補足として作成されていた『別段風説書』（『大日本古文書・幕末外国関係文書』嘉永六〔一八五三〕年～安政五〔一八五八〕年）には、クリミア戦争は「露土戦争」との表記で、その戦況や経緯などの詳細な情報が数多く盛り込まれていました。

おそらく西郷隆盛のクリミア戦争に関する情報は、藩主・斉彬の入手した『別段風説書』に目を通して、ロシアの勝敗とその後の動向に非常な関心を持ち、かつ懸念していたものと思われます。それは西郷隆盛ばかりでなく、横井小楠なども同様、多大な関心と警戒心を持っていました。

以上のような西郷隆盛のロシアを通しての対外的な関心が、つぎに記すような対英交渉を可能にしたものと思われます。

西郷隆盛は、慶応二（一八六六）年一月二一日の薩長同盟後の六月七日に始まった「第二次長州征伐」には非常に消極的で、さっさと薩摩に帰藩してしまいました。一六日には薩英戦争の相手だったイギリス公使パークスの訪問を受け、薩摩藩の島津久光ともども西郷隆盛もその応接には誠意をもって当たり、一八日にも松本弘安（寺島宗則）を通訳に面会していました。

さらに同年一二月七日、兵庫で通訳官アーネスト・サトウに会い、兵庫開港の問題などでは、対等に議論しあっています（『西郷隆盛と士族』）。この他にも、『西郷隆盛全集』第六巻の「西郷隆盛年譜」や「索引」には、アルコック（オールコック）、グラバー、ホフマンなど数人の外国人の名を見出せます。また明治維新後、西郷隆盛は弟の従道や息子の菊次郎には外国留学をさせています。

このような西郷隆盛からは、諸外国、特にロシアを含む欧米列強に対して、非常に前向きに対応し、常に対等であろうとする姿勢を感じます。このような西郷隆盛の対外的姿勢を見てきますと、何故西郷隆盛の口から「征韓論」が飛び出して来たのか不思議でなりません。

また、明治四（一八七二）年一〇月からの「岩倉遣欧使節団」には、親友の大久保利通を遣り、自ら進んで留守政府を預かっています。新政府内にあって、なぜか欧米諸国に対して非常に消極的に思えてなりません。そんな西郷隆盛がやがて声高に「征韓論」を主張し始めるのです。

ついでながら『新聞集成明治編年史』第三巻（本邦書籍、一九八二年）所収の明治一〇年三月二四日の「東京日日新聞」に、「従道の述懐、大西郷に欧羅巴を見せたかった」の小見出しで、「此のころ、従道君は或る朋友に向ひ、アー兄キをして、今少し早く欧羅巴を一見せしめしならば、斯ることはあるまいものをと、涙ながらに咄されたりとぞ」の記事があります。

八、「征韓論」の背景

1、海外発展・侵出論

一七六〇年代にイギリスで始まった産業革命は、一八三〇年代にはロシアを含む欧米列強の国々は自国に取り入れて、私益・国益第一の資本主義経済の段階にあり、これらの国々の蒸気船（黒船）が一九世紀末、即ち江戸後半の文化頃には日本近海に出没し始めました。

幕府は黒船（蒸気船）や艦砲の大きさなどで、欧米列強の軍事力の優位性を見せ付けられ、植民地化の危機にさらされていました。その状況の下、幕府・諸藩・民間でも「海防論」が論じ始められ、その後は「攘夷論」と「開国論」が真っ向から対立しました。

江戸後期、林子平は『海国兵談』で「海防論」の警鐘をならし、本多利明は『経世秘策』で「海外貿易論」を主張しました。幕末期には横井小楠の『海軍問答書』や『国是三論』に見られるように、「海防」・「開国」・「貿易」・「富国強兵」がワンセットで論じられました。

上記の論と違った対外論として「海外発展･侵出論」、即ち武力による海外膨張などの論もありました。この背景には、江戸後半から幕末期に隆盛となった復古的な国学で、神国日本に基づく「朝鮮蔑視論」が主唱され、幕府も征韓計画を練るほどの影響力がありました。西郷隆盛の「征韓論」は国学との接点があったのでしょうか。乞御教示。

日米間の和親条約や修好通商条約（関税自主権なし・治外法権是認の不平等条約）の締結以降、「海外発展・侵出論」ではその照準として具体的に朝鮮王朝が浮上、そのまま明治初期の「征韓論」の背景となりました。

2、西郷隆盛の「征韓論」と「敬天愛人」

明治初期に「征韓論」の口火を切ったのは木戸孝允でした。木戸の主張は戊辰戦争に動員された軍兵たちの終戦後の転用策の一つでした。このように「征韓論」は、最初から外国である朝鮮王朝を犠牲にして、日本国内の諸矛盾を転嫁し、緩和・解決する方便として正当化した対外論でした。すでに見た西郷隆盛の場合も板垣退助に宛てた書翰の「内乱を冀う心を移して、国を興すの遠略」の文言から木戸と同根の発想であったことがわかります。

日本政府は朝鮮王朝に開国を要求しましたが、守旧的な大院君らの鎖国主義に阻まれ実現していませんでした。木戸孝允や板垣退助、熊本関係では宮崎八郎らも一斉に

「征韓論」を主唱していましたが、西郷隆盛のように、その決着のために自らを朝鮮に派遣せよと主張した者はいませんでした。

そんな中にあって、あの「敬天愛人」の博愛的な思想を持つ西郷隆盛が、およそ真逆の「征韓論」を唱えて、何故かそれを強行しようとしたのでした。これまで見てきた西郷隆盛の「敬天愛人」と、この「征韓論」を対比するにはあまりにもギャップが大きすぎます。

そこには隆盛自身の「実体験」に依拠する思想的な連続性（条理）を見出すことができません。私自身はその断絶性（不整合性）も理解できないでいます。西郷隆盛研究者の間では、この問題はすでに解明済みなのでしょうか。是非知りたいと思っています。

3、明治政府の「征韓論」は韓国併合へ

既述した通り、西郷隆盛と「征韓論」を結び付けるのは、明治六年の「征韓論政変」と「征韓論」派が一斉に下野したことでした。多くの『日本史辞典』も『日本近現代

史小辞典』（角川書店、一九七八年）も、この「征韓論政変」前後の経緯のみの説明しかなされていません。

西郷隆盛は、西南戦争の最中にあっても、「戦地を広げると農作を荒らし、民家を焼き、人民の苦しみとなる。戦は城（熊本城）で定まる。戦地を広げること相成らず」と主唱し、南関への前進を中止させていました（『西郷南州遺訓』）。

おそらく「征韓論政変」以前の西郷隆盛は、「勝者」的立ち位置から「征韓論」を唱え、「農民愛護」即ち「敬天愛人」の思想は影を潜めていたのではないかと思われます。しかし、西南戦争で敗者の側に身を置いた時点で、西郷隆盛の脳裏からは勝者的な「征韓論」が完全に消え去り、三島流謫時代の「実体験」を通して形成・体質化した「敬天愛人」のみが脳裏全体に充満したのだろうと推測しています。

このような経過の中で、西郷隆盛の「征韓論」は消去してしまいましたが、その後は明治政府の対外政策の中で「征韓論」は生き続けることになりました。政府は武力による江華島事件を引き起こし、明治九（一八七六）年二月にはペリーの日本への武力開国そっくりのやり方で、日朝修好条規（不平等条約）を締結させるなど、「征韓論」は朝鮮侵出の具体的な第一歩を踏み出し、ついで明治一五（一八八二）年七月の壬午軍乱、同一七（一八八四）年一二月の甲申事変によって、日本政府と日本軍による朝鮮王朝への実質的介入となりました。

また、民権運動家らも、日本国内での運動が不可能と判断するや、朝鮮の「独立党支援」を名目に自由民権運動の継続の場を朝鮮に求めようとしました。「民権」を標榜した自由民権運動でさえ、「国権」的な意識が濃厚に混在し、朝鮮王朝を犠牲にしてでも、要求実現を目論むやり方にはやはり「征韓論」の鎧をのぞかせていました。

おわりに

以上のような明治政府の「征韓論」は、明治四三（一九一〇）年の韓国併合に連続することになります。「征韓論」の原影は、豊臣秀吉の文禄・慶長の役（「壬辰・丁酉倭乱」）でした。それは韓国併合後、朝鮮総督府の初代統監・寺内正毅が誇らしく詠んだ和歌「小早川・加藤・小西が世にあらば、今宵の月を如何に見るらむ」が何よりの証拠となります。また、韓国併合後の植民地政策には、豊臣秀吉の文禄・慶長の役で行なった占領政策とダブっているものが数多く見出すことができます。

明治に「征韓論」に代表される海外膨張論が旺盛になりますと、秀吉の大陸侵出の野心は肯定的となり、むしろ秀吉の先見性として高く評価されるようになりました。このような状況の下で、日本軍の過信的軍事行動は、日清戦争・日露戦争、そして満州事変・日中戦争・太平洋戦争の所謂「一五年戦争」まで続き、敗戦によってやっと終ることになりました。

新聞にみる西南戦争の経緯

はじめに

『新聞集成明治編年史』第三巻（全一五巻、本邦書籍、一九八二年）所収の多くの新聞記事の中から、明治一〇年一月から九月の城山陥落までの薩軍・西郷隆盛と官軍の動向、さらに西南戦争終結後からも、「中見出し」・「小見出し」をピックアップし、時系列的に紹介することにします。

各新聞記事は西南戦争の進展に伴う両軍の動向がエピソード風・読み物風に面白く記事化されています。精選した積りでしたが、かなり煩雑になってしまいました。それぞれの見出しをじっくり読んでください。掲載新聞はほとんどが「東京日日新聞」と「東京曙新聞」です。「東京日日新聞」は新聞名を省略、「東京曙新聞」や他紙は新聞名を明記しました。

一、当時の新聞にみる西南戦争の経緯と城山陥落

西南戦争に関する各月ごとの記事の「見出し」を列記します。西郷・薩軍と政府軍の関係は、各月の【両軍の動向】、一〇月以降の特徴は【戦後の西郷評】として、いずれも「ひと口解説」風にまとめています。

なお熊本関係の「見出し」は太字、「博愛社」についてはゴチックにしています。「博愛社」と佐野常民については、紙面の都合で割愛しました。

一月　○大西郷何事か、当路政府に要請の風説（一・八「江湖新報」）、○大挙上京の真意を説く、明朗々たる大西郷の心境（一・二六）、○西郷の私学校―設立由来記―（一・二九）、○鹿児島異状なし（一・二九）

【両軍の動向】

・明治六（一八七三）年の「征韓論政変」で下野後、政府は西郷隆盛の動向を監視するが、一月時点では「鹿児島異状なし」と判断、また西郷隆盛の大挙上京には好意的な記事が多い。

二月　○鹿児島私学校の生徒蜂起して、不意に県庁を襲撃の噂、中国九州へ警察急派（二・一〇「東京日日付録」）、○鹿児島の不平党西郷に迫り、大西郷之に応ぜずして韜晦《とうかい》（不成就）（二・一〇「東京日日付録」）、○鹿児島叛徒の弾薬奪取事件（二・一二）、○兵粮は足らず軍資は無く、且つ銃砲悉く官軍に劣る、賊軍何事をか為し得んや、而も征否の廟議一決せず（二・一二）、○鹿児島は宛然《えんぜん》（まるで）治外政権の地、一藩の叛情業に已に明白（二・一三）、○私学校党の挙動ますます奇怪（二・一三）、○

西郷刺殺の密使、叛徒の云ひがゝり（二・一九）、○**鹿児島暴徒奮躍して熊本に乱入、遂に賊徒征討の大詔降下す**、有栖川宮が征討総督を拝命（二・二〇）、○鹿児島県庁焼失か（二・二〇）、○賊徒征討の公達（二・二〇）、○カノン砲破壊も賊徒激発の一因（二・二〇「東京日日」）、○山県（有朋）下の関〔下関〕に駐在、出兵は其の指揮一つ（二・二〇）、○戦禍西陲を蔽尽《へいじん》（席捲）、叛徒説諭の御内勅も甲斐なく、鹿児島暴徒遂に火蓋を切る（二・二一）、○**小倉鎮台兵、熊本に着す**（二・二一）、○西南の戦雲険しく大阪市中緊張す（二・二三）、○聖上京都御駐輦を仰出さる、賊徒征討の勅語を賜ふ（二・二三）、○戦地への銃砲輸送、（二・二三「東京曙」）、○西郷を狙ふ刺客、西郷邸の床下に潜入（二・二三「朝野」）、○有栖川征討大総督宮に賜はりし勅語（二・二四）、○**熊本城下砲火起る、市中大半焼失**（二・二四「東京曙」）、○大山（巌）少将・川路（利良）大警視以下、諸星続々西下（二・二六）、○野津（鎮雄）少将等出発、賊軍を中断か（二・二四「東京曙」）、○私学党の勢揃ひ（二・二七「朝野」）、○山県・川村（純良）が参軍（二・二七）、○**熊本鎮台孤立重囲に陥る、急派の官軍**

十四五大隊か（二・二七「東京曙」）、○大阪東本願寺が征討総督の本営（二・二七）、○九州に別政府樹立（二・二八）、○鹿児島製造所破壊さる（二・二八）、○**熊本城は三四十日の兵粮を用意**（二・二八）

【両軍の動向】

・政府は西郷・薩摩軍には兵粮・軍資金がなく、銃砲の性能の違いから甘く判断していた。二月一七日に西郷・薩摩軍は鹿児島を出立、そして熊本乱入。二二日には籠城の熊本城を包囲、熊本鎮台は一九日に熊本城を自焼して対抗した。政府軍は本格的に「賊徒征討」体制を整え「叛徒説諭」も試みた。一方西郷・薩摩軍は「別政府樹立」の構えであると報じている。

三月　○西郷（隆盛）・桐野（利秋）以下官位褫奪《ちだつ》（剥奪）（三・二）、○五百四十万発（三・二）、○西京へ三十万円廻送（三・三「東京曙」）、○「新政厚徳」の大旆《おおはた》（写真）（三・三「郵便報知」）、○**熊本城兵善戦、村田新八（薩軍）負傷す**（三・五）、○軍艦配備の現状（三・五）、○島津久光父子（久光・忠義）、断乎西郷の面謁を聴かず（三・

五)、○桜痴福地源一郎、記者として従軍(三・五)、○賊徒叛逆の実情を明かにし、征討の已む可らざるを宣布(三・五「東京曙」)、○**熊本市中焼払の混雑**(三・六)、○中原尚雄が認めたる西郷・桐野を刺殺の口述書―福地源一郎書信の一節(三・六)、○賊船迎陽丸拿捕(三・八)、○官軍一万六千、賊は一万五千(三・八)、○**天下の嶮田原坂の激戦開始、官軍容易に敵塁を奪取し得ず**(三・九)、○有栖川人総督宮御戒諭(三・九)、○各種通信を綜合したる九州戦況の概観(三・九)、○西国鎮撫使貞愛親王(三・一〇)、○賊徒火薬掠奪始末(三・一二)、○大阪市中へまで賊徒側の貼札(三・一二「郵便報知」)、○川村大輔大義を執って動かず(三・一三)、○鷲尾隆聚、西郷説伏役を出願(三・一三「朝野」)、○**田原坂の嶮要**(三・一四)、○**決死の士重囲を衝いて脱出し、熊本籠城軍の事情漸く判明**(三・一四)、○官軍の手で護る鹿児島の六砲台(三・一四「東京曙」)、○西郷は悠々自適、温泉で囲碁・抹茶(三・一四「東京曙」)、○黒田(清隆)参議よりの電報(三・一四「朝野」)、○火薬三十万発を押る(三・一五「東京曙」)、○勅書を島津従二位に伝ふ(三・一五「東京曙」)、○**山県・**

大山も進撃、高瀬口を奪取（三・一六）、○桐野の制御残酷（三・一七）、○**薩軍の強靭は熊本民権党の応援**（三・一七）、○**熊本城攻囲で賊も前進出来ず**（三・二〇）、○**田原坂の賊軍、死物狂ひの暴状**（三・二〇「東京曙」）、○**賊は抜刀で斬込む、田原坂の戦で**（三・二一「東京曙」）、○**川村参軍、南の関〔南関〕に向ふ**（三・二一「東京曙」）、○西南の役は官軍の利潤、ソロバンの合った戦也（三・二一「東京曙」）、○**田原坂、遂に陥る**（三・二二「東京曙」）、○賊軍窮乏、草鞋も穿き得ず（三・二二「東京曙」）、○西郷は案外戦争が下手（三・二二「朝野」）、○西郷小兵衛（薩軍）の妙案、遂に用ひられず（三・二二「東京曙」）、○大山綱良護送（三・二三「東京曙」）、○大西郷に欧羅巴を見せたかった、従道（隆盛弟）の述懐（三・二四）、○**田原坂激戦詳報**（三・二四）、○中原尚雄抑留始末（三・二四「東京曙」）、○勅使柳原前光下降、島津久光他意なきを語る（三・二四「朝野」）、○中原尚雄護送に際し、大山綱良の布達（三・二六「東京曙」）、○福岡以南の官軍の配備（三・二六）、○勝てば官軍、これ西郷の持論（三・二七「東京曙」）、○**面々相接す田原坂の白兵戦**（三・二八）、○綿撒紙及繃帯を製して傷病者に贈る―三條（実美）・岩倉（具視）の檄文―（二・二八「東京曙」）、○西南陣中余録（三・二九）、○大山綱良の糾問（三・二九「朝野」）、○大山綱良の捕縛、刹那の悲劇（三・二九「東京曙」）、○**薩摩隼人が死守せる田原坂、猛攻十数日、遂に之を陥る**（三・三〇）

【両軍の動向】

・三月になると、政府は「西郷・桐野以下官位褫奪」、西郷・薩軍は「新政厚徳」の大旆で対抗に出た。三月四日、政府軍一万六〇〇〇と西郷・薩軍一万五〇〇〇を背景に、両軍は田原坂で激突、三月二〇日までの攻防戦を展開した。西郷・薩摩軍の強靭さは「熊本民権党の応援」と報じている。また田原坂の「死物狂ひの暴状」と抜刀による白兵戦などの状況も、逐一「田原坂激戦詳報」・「西南陣中余録」などの現地報告の手法で報道している。

四月　○官軍に兵粮あり、賊には攻城砲なし（四・二）、○**一日四十万発費した田原坂の激戦・犬養木堂（毅）の戦報**（四・四「郵便報知」）、○西郷当路（枢要な地位）に立たば軍政の改革者（四・四「東京曙」）、○**田原坂の賊軍、馬を屠って喰ふ**（四・五「東京曙」）、○**死屍腐爛の田原坂**（四・六「郵便報知」）、○西郷の贋写真（四・六「東京曙」）、○軍用品続々輸送（四・九）、○薩兵の強剛と官兵の素質（四・九）、○古武士の悌を其まゝ桐野と野津の応酬（四・九「東京曙」）、○**野津・大山の両将軍、弾雨の中に立って味方を指揮―木留・山鹿方面の戦況―郵便報知記者犬養毅の戦報**（四・九「郵便報知」）、○九州現在の兵員、隆盛は所在不明（四・一〇）、○曠野の中に咲く、一輪に名花・犬養毅戦報（四・一〇「郵便報知」）、○賊の弾丸糧食缺乏（四・一一「朝野」）、○賊軍の恐るゝもの、雨と赤帽と大砲（四・一一「郵便報知」）、○一布衣福地源一郎、天顔に咫尺《しせき》（接近）して戦況を言上（四・一三）、○**山鹿方面の戦況・犬養毅報告**（四・一二「郵便報知」）、○奥（保鞏《やすかた》）少佐の突貫奏功（四・一三）、○西郷尚死せずば、彼は英雄に非ず（四・一〇）、○西南事変に高田藩士の憤起（四・二〇「新潟新聞」）、○朝鮮事件に関して、西郷の主張流石に條理整然（四・二〇「東京曙」）、○賊徒の胸中―入京は朝飯前（四・二一「東京曙」）、○**西郷、谷干城を称揚**

（四・二三「東京曙」）、○**宇土口の戦況・犬養毅報告**（四・二四「郵便報知」）、○**八代口の戦ひ・犬養毅報告**（四・二五「郵便報知」）、○賊軍愈々窮地に陥る、糧食缺乏甚し（四・二六「朝野」）、○**熊本籠城聞書**（四・二七「朝野」）、○伏見稲荷の神官は揃って賊軍（四・二八「朝野」）、○西郷の押借りの金策（四・二九「朝野」）

【両軍の動向】

・西郷・薩摩軍は「一日四十万発費した田原坂の激戦」で敗北、「賊軍の恐るゝもの、雨と赤帽と大砲」であり、その上「弾丸糧食缺乏」による敗走で、窮地に陥った。政府側には西郷は「所在不明」となっていた。一方では「西郷当路（枢要な地位）に立たば軍政の改革者」や「朝鮮事件に関して、西郷の主張流石に條理整然」などの評も出始めている。

五月　○戦場珍話（五・一「東京曙」）、○**熊本籠城日記**（一）（五・一「朝野」）、○福岡の臨時裁判所、賊徒処分の為（五・二「読売」）、○勝手な熱を吹く賊の矢文（五・二「東京曙」）、○**熊本籠城日記**（二）（五・二「朝野」）、○**八代・宇土の士族、賊軍をた**

ばか（謀）る（五・四「東京曙」）、川村参軍、鹿児島に向ふ（五・四「朝野」）、○岩村（通俊）鹿児島県令任地に向ふ（五・四「朝野」）、○西南事変の前途楽観され、聖上還幸仰出さる（五・五「東京曙」）、○軍略を誤りたる賊軍の二大敗因（五・七「東京曙」）、○**熊本城と花岡山**（五・八）、○官賊両軍の握り飯問答、対陣久しく此の余暇あり（五・九「郵便報知」）、○高知県の立志社で、護郷兵を設置（五・一〇「東京曙」）、○西郷の落行く先・賊の手帳（五・一〇「郵便報知」）、○**熊本籠城記**（一）（五・一一「東京曙」）、○**熊本籠城記**（二）（五・一四「東京曙」）、○**池辺吉十郎（熊本隊）降伏**（五・一四「郵便報知」）、○鹿児島の挙兵と相応じ、北豊一帯に騒擾起る（五・一四「郵便報知」）、○黒田参軍の画策当たらざるなし（五・一五）、○**細川護久、旧藩士の帰趨を誤らしめず**（五・一五）、○別府新介（晋介）の人物（五・一五「浪花新聞」）、○**日本赤十字社の前身博愛社興る**（五・一五「朝野」）、○**熊本籠城記**（三）（五・一六「東京曙」）、○**熊本城の連絡だけで油断はならぬ**西郷宗の宗門景気が手強い、戦線は日・薩に延長せられた（五・一七）、○賊徒内心仲裁を期待（五・一八「東京曙」）、○**與倉（知実、熊本鎮台連隊長）中佐夫人の義烈**（五・一九「郵便報知」）、○征討総督宮及び参軍諸将校、一同御慰問の勅書を賜はる（五・二二）、○官兵・賊兵の問答（五・二二）、○賊軍偽造の紙幣（五・二二「東京曙」）、○賊軍隊人名簿（五・二三「郵便報知」）、○**田原坂戦争余聞**（五・二四）、○**賊の第二陣は肥南三太郎の嶮、たばる（田原）坂の嶮より嶮しく、官軍の南下殆ど絶望に近し**（五・二四）、○犬養木堂の薩行日記（一）（五・二四「郵便報知」）、○死人の肉を傷口にあてる（五・二五「浪花新聞」）、○犬養木堂の薩行日記（二）（五・二五「郵便報知」）、○西郷の意図、已に廟堂を退く時に発せり（五・三〇「東京曙」）、○官宅を毀ち廻る鹿児島の女人隊（五・三〇「東京曙」）、○賊軍の立場を是なりとする大山綱良の書翰（五・三〇「朝野」）、○官軍、竹田を陥る（五・三一）、○鹿児島女兵隊を引廻す女、隆盛の妻も一味（五・三一「東京曙」）

【両軍の動向】

・天皇は「西南事変の前途楽観」により東京に帰った。政府軍は西郷・薩摩軍の追撃を弛めなかったが勝利を確認し、「官賊両軍の握り飯問答、対陣久しく此の余暇あり」「賊徒内心仲裁を期待」などの余裕も出ている。しかし「鹿児島の挙兵と相応じ、北豊一帯に騒擾起る」ことになる。この月には「日本赤十字社の前身博愛社」が興った。その後多少の紆余曲折はあったものの、六月には認可され、七月には「博愛社の事務開始」となっている。

六月　○嶮難を冒して、官軍人吉に迫る（六・一）、○西郷開墾地を餌に—農民を釣る（六・二「東京曙」）、**○博愛社設立不許可となる**（六・四「郵便報知」）、○戦況既に四回転（六・五）、○戸長渡邊現等、官金を保護し、遂に賊軍の為に虐殺さる（六・七）、○犬養毅の鹿児島戦報（六・七「郵便報知」）、○四尺九寸男も服役—戦時の事とて（六・八）、○補充兵まで悉く入営せしむ（六・九）、○官軍、五万尚足らず（六・九）、○官軍の高札「官軍に降参する者ハころさず、明治十年六月官軍先鋒本営」（写真）、○私学校の徒事実を捏造して、百方西郷を教唆煽動す（六・九）、○宇都・澤井両警部手記の実戦記（一）（六・一一「東京曙」）、○賊軍発行の紙幣（六・一一「東京曙」）、

○伊予・土佐沿岸を警備（六・一一）、○宇都・澤井両警部手記の実戦記（二）（六・一二「東京曙」）、○西郷の進止淡如《たんじょ》（執着無し）たり（六・一三）、○宇都・澤井両警部手記の実戦記（三）（六・一三「東京曙」）、○大分県侵入の賊徒の計画齟齬（六・一五）、○**西郷、人吉退去の真相**（六・一五「東京曙」）、○警視局の順さ大募集、兵隊式に訓練（六・一六）、○賊名を甘んじて兵を挙ぐ、果して西郷の衷情に出づるか（六・一八）、○西郷の挙兵は大義名分を缺く、江藤（新平）・前原（一誠）の輩に劣ると―板垣退助の痛論―（六・二〇「東京曙」）、○賊兵の亡状（六・二二「郵便報知」）、○岩村鹿児島県令、西郷に順逆を説く（六・二五「東京曙」）、○賊軍延岡に敗走（六・二七）、○**後の日本赤十字社、一旦頓挫したる博愛社愈々設立さる―佐野常民・大給恒の主唱**（六・二七「郵便報知」）、○官軍重岡に大迂回して、賊軍の本拠鹿児島に突進す（六・二九）、○賊軍最後の本拠鹿児島危し（六・三〇）、○鹿児島奪還の為、官軍の背後を衝く（六・三〇）

【両軍の動向】

・六月になると、敗走を続ける西郷・薩摩軍に「西郷開墾地を餌に―農民を釣る」「私学校の徒事実を捏造して、百方西郷を教唆煽動す」などの批判が出ている。特に板垣退助が「西郷の挙兵は大義名分を欠く、江藤・前原の輩に劣る」との痛論を掲載した。西郷・薩摩軍は「鹿児島奪還の為、官軍の背後を衝く」などの攻勢も報じている。

七月 ○弾薬五百五十輌、戦地へ廻送（七・一「絵入日曜新聞」）、○**博愛社の事務開始、後年の赤十字社**（七・一「絵入日曜」）、○新選旅団の拡張（七・一「朝野」）、○川路（利良）少将戦地出発、賊軍粮食缺乏（七・二）、○鹿児島の賊軍城山に籠って、四斤半山砲の偉力を発揮、有栖川・伏見両宮暫時立退（七・三）、○或は奪ひ或は奪はれて、官軍遂に田代口の嶮を抜く—都の城も陥落近し（七・四）、○賊将別府新助（晋介）戦死（七・五）、○川路（利良）大警視帰洛して戦地状況を奏上（七・六）、○桐野の猪突、西郷の言を用ひず、西郷軍配を捨てて浩嘆す（七・六）、○巡査一大隊重要任務を果して帰京す（七・七）、○**熊本救助額七十万円**（七・七）、○**逸（まま、辺）見十郎太（薩軍）あばれる**（七・九）、○官軍鹿児島上陸以来の大激戦城山背後に展開（七・九）、○西郷の行装《いでたち》（七・一一「実生新聞」）、○川村海軍大輔の告諭に対し、鹿児島藩士族之を反駁す（七・一一「東京曙」）、○川路少将の凱旋（七・一四）、○賊軍の弾丸除け穴（七・一三「東京曙」）、○大山綱良取調べらる（七・一四）、○熊本県下の焼失戸数と死者の数（七・一四）、○官軍頻りに進撃（七・一九）、○川村参軍の西郷評―壮士と情死（七・一六「東京曙」）、○警視隊奮躍して鹿児島に連絡す（七・一七）、○第一新選旅団司令長官東伏見宮征途に上らせらる（七・一七）、○土民は賊軍の敗衂《はいじく》（敗北）を知らず、先鋒は已に大阪に上陸―加治木方面の戦況（七・一九）、○永山（弥一郎）の正論、桐野用ゐず（七・一九「東京曙」）、○鹿児島包囲の賊軍、大隅・日向に向って遁走す（七・二〇）、○紺足袋五万足輸送（七・二〇「大坂日報」）、○賊軍遂に鹿児島を放棄、一旦都ノ城に拠らんとす（七・二一）、○西郷、挙兵の意中を別府新助に示す（七・二三「東京曙」）、○賊軍の士気地を払ふ（七・一四）、○鹿児島の旧習が賊徒取調の便利（七・二五）、○豊後口の官軍連捷（七・二七）、○官軍一挙遂に都ノ城を陥る（七・二七）、○賊軍最後の根拠地、去川の急流に拠るか

（七・二八）、○西郷屢割腹せんとし、監視人を付す（七・二八）、○外には魯土戦争、内には西南戦争（七・三〇「東京曙」）

【両軍の動向】

・この月、西郷軍は延岡にいた。政府軍に追い詰められた鹿児島の薩軍は、城山に籠って「四斤半山砲」で反撃、有栖川・伏見両宮も一時立ち退いた。薩軍の桐野利秋は西郷や永山の意見を用いずに「猪突」、政府軍は「鹿児島上陸以来の大激戦」を城山背後で展開した。そのため薩軍は鹿児島占拠を放棄、「大隅・日向に向って遁走」、政府軍は都城を陥落させた。また、この戦況の中で「西郷屢割腹せんとし、監視人を付す」との記事も出ている。

八月 ○賊徒相ついで投降（八・二）、○一夫万夫の要害、米良の嶮要も、敵は無造作に捨てて遁走す（八・二）、○敷根の火薬製造所、戦争を予期しなった賊兵（八・二）、○有栖川総督に勅書（八・二）、○島津父子（久光・忠義）の救助金（八・三）、○捕虜の賊兵、具さに賊情を語る（八・三）、○**熊本県下の賑恤**（八・四）、○都ノ城攻略観戦記（八・七）、○総督宮本営を都ノ城に移す（八・八「東京曙」）、○都の城陥落の二殊勲者戦死（八・八「東京曙」）、○軍糧米戦地へ急送（八・八「大坂日報」）、○九州地方に贋造紙弊横行（八・九「朝野」）、○征討費追加支出（八・九「郵便報知」）、○西郷は犬を友に陣中でも只黙々（八・九）、○生き残れる賊将、池上四郎（薩軍）の智略（八・九）、○監獄署、懲役署の改称（八・九「東京曙」）、○重岡本営所管の部署（八・九「郵便報知」）、○賊方の厳罰主義（八・一〇）、○**熊本市の復興施設**（八・一〇）、○官軍の埋匿紙幣を賊軍使用す（八・一〇「大坂日報」）、○**博愛社へ千円御下賜**（八・一〇「朝野」）、○賊軍鹿児島を退却（八・一〇「大坂日報」）、○徴募巡査新撰旅団、大隊営所と改称（八・一一「東京曙」）、○別府新介の進言、西郷空うそぶく（八・一二）、○西郷月照（西郷と入水、溺死）を弔す（八・一三）、○賊軍八苦の紙幣（図）（八・一六「朝野」）、○戦地出張の巡査一万四千七百人（八・一六「東京曙」）、○桐野利秋の健脚（八・二〇「東京曙」）、○運の強い村田新八（八・二一「浪花新聞」）、○鹿児島の物価暴騰（八・二一「朝野」）、○西郷・桐野等脱走、延岡鎮定近し（八・二二）、○勅使の西下で賊軍の欺瞞手段が判明（八・二二）、○既に最後の近づけるを知って、西郷隆盛部下に示諭す（八・二三）、○豊後方面戦闘誌（八・二三）、○賊軍死して蛙に化る（八・二三「郵便報知」）、○賊軍の病院（八・二三「浪花新聞」）、○唄（いろは唄）で知る西郷の企み（八・二四）、○官軍の諭達に対する賊軍の返信（八・二四）、○西郷敗退訣別の辞（八・二四「大坂日報」）、○賊軍の発行紙幣高（八・二四「大坂日報」）、○**博愛社徽章**（八・二五）、○賊軍決死の告文（八・二六「浪花新聞」）、○西郷・桐野深山に遁入（八・二七）、○賊軍は銅貨も偽造（八・二八「大坂日報」）、○桐野利秋の遊蕩（八・二八「東京曙」）、○薩軍に款を通ぜんとして、高知の立志社一味検挙さる（八・二八）、○西郷末路哀しく、薩軍続々官軍に投降す（八・二九）、○**池辺吉十郎を追跡**（八・三一）

【両軍の動向】

・西郷・薩摩軍の中には、鹿児島でも西郷・桐野らがいた延岡でも「続々官軍に投降」し始めた。政府は「西郷・桐野等脱走」・「西郷・桐野深山に遁入」で「延岡鎮定近し」と判断している。西郷らは「官軍の諭達」を拒否して「決死の告文」を発するが、一方で「敗退訣別の辞」を認めていた。また西郷・薩摩軍の軍資金に関して、「九州地方に贋造紙弊横行」、「官軍の埋匿紙幣を賊軍使用」、「賊軍八苦の紙幣（図）」、「賊軍は銅貨も偽造」、そして「賊軍の発行紙幣高」の記事もあり、決して「西郷札」の問題だけではなかった。

九月 ○賊軍統制を缺いて意見区々、西郷黙然として可否を云はず（九・四）、○剽悍《ひょうかん》（素早強い）決死の賊軍俄然逆襲、さすがの西郷も猟犬を捨てて起つ（九・五）、○西郷隙を衝いて鹿児島に帰る（九・五「東京曙」）、○賊将城山に籠る（九・七）、○高朗の心境も周囲の為に誤られ、大西郷遂に賊名を蒙る（九・七「東京曙」）、○西郷世に出でず、偽弊のなげき（九・七「朝野」）、○西郷脱出の情況、犬養木堂の戦報（九・八「郵便報知」）、○愛妾お杉の別れ、西郷つや物語（九・八「朝野」）、○西郷菊次郎等就縛（九・一〇）、○**池辺吉十郎の消息**（九・一〇）、○征討費三千五百万円（九・一二）、○賊徒再び県庁へ乱入、加治木へ仮移転（九・一二）、○西郷の七つ墓

(九・一一「郵便報知」)、○賊軍再度の鹿児島入りは、蓋し向ふ見ずの敗退(九・一二)、○賊徒籠城して窮す(九・一二)、○城山に於ける西郷(九・一四「東京曙付録」)、○窮余の賊軍再び鹿児島を奪回、市街はさながら修羅の巷(九・二〇)、○薩軍大勝利の布告を発し、城山に籠って官軍を悩ます(九・二二)、○捕虜の軍医を優待、西郷・桐野の懇願(九・二二)、○鹿児島に於ける官軍の陣容整備(九・二四)、○天運全く尽きて遁るゝ道なく、賊将最後の大会議を開く(九・二五)、○一朝賊名を蒙りて転戦まさに七ケ月、巨魁西郷哀れ城山の露と消えて、西南戦争＝茲に終幕(九・二五)、○官兵を捕へて火焙りの極刑、酸鼻見るに堪へず(九・二五「郵便報知」)、○賊徒平定の告文(九・二六「郵便報知」)、○討取った西郷に首が無く、所持のピストルを首がはりに(九・二七)、○賊将等悉く官軍の銃剣に突斃さる(九・二七「大坂日報」)、○賊軍格好の金札、十四万一千余円(九・二八)、○西南役に於ける近衛兵の活躍(九・二九「大坂日報」)、○間一髪大西郷逃走して、あはれ残るは首なき死骸(九・二九「郵便報知」)

【両軍の動向】

・薩軍・西郷軍は統制を欠き、これまで「黙然」の西郷が「猟犬を捨て」て「決死の逆襲」に出た。西郷らは隙を衝いて鹿児島に帰り、城山に籠った。「籠城して窮す」が「再び鹿児島を奪回」するなど官軍を悩ませた。しかし、終に九月二四日「一朝賊名を蒙りて転戦まさに七ケ月、巨魁西郷哀れ城山の露と消えて、西南戦争＝茲に終幕」となった。

二、新聞にみる西南戦争終結後の西郷隆盛関連記事

一〇月　○大山綱良斬罪（一〇・一「郵便報知」）、○功罪孰れか大なる、隆盛の戦死を弔す（一〇・一「輿論新誌」）、○西南戦役費に外債の要なし（一〇・一「輿論新誌」）、○三十日以内に帰順すれば其の罪を宥す（一〇・二）、○大山綱良の口述書―長崎臨

時裁判所に於ける（一〇・三「日本曙」）、○西郷の愛犬三匹（一〇・三「浪花新聞」）、○木戸死して我死せず、何の不幸ぞ―西郷浩歎して語る（一〇・四「郵便報知」）、○西郷の首を拾った人（一〇・四「浪花新聞」）、○深夜懸崖を攀ぢて背後を突き、賊軍の周章猥雑見るに堪へず、村田新八怒って味方を斬る（一〇・五「大坂日報」）、○城山攻撃方略―犬養毅戦報（一〇・五「郵便報知」）、○大西郷鰻の喰逃げ、実は飯櫃に十円紙幣の置き土産（一〇・五「大坂日報」）、○山県参軍の諭告、賊巣覆滅を前に（一〇・六）、○西郷隆盛の袖時計（一〇・六「浪花新聞」）、○桐野利秋の洋剣（一〇・六「浪花新聞」）、○城山攻撃の準備極めて慎重（一〇・七「大坂日報」）、○鹿児島賊徒征討費莫大―先月まで三千八百万円、台湾征討費の五倍に及ぶ（一〇・八）、○征討軍凱旋歓迎次第（一〇・八）、○城を枕の賊徒決死の覚悟、それを堂々官軍へ通告の使者（一〇・九「大坂日報」）、○隆盛以下埋葬人名（一〇・九「大坂日報」）、○大山綱良―斬罪の宣告文（一〇・一一）、○征討総督熾仁親王御凱旋（一〇・一一「東京曙」）、○西郷星は火星（一〇・一一「郵便報知」）、○西郷の首のありか―官軍の手にどうして入ったか（一〇・一一「郵便報知」）、○莞爾と断頭台に上る、賊徒増田（栄太郎、中津隊）の豪胆（一〇・一一「東京曙」）、○桐野利秋の泣上戸（一〇・一一「朝野」）、○東伏見少将宮御凱旋（一〇・一三）、○西郷逝いて魯国大悦（一〇・一二「輿論新誌」）、○お手製の金札で、桐野の愛妾借金払（一〇・一三「東京曙」）、○賊徒は粥腹、其の上に減食（一〇・一三「東京曙」）、○洞穴中には世界地図が唯一つ、西郷は欧州へ出兵の抱負（一〇・一五「郵便報知」）、○「西郷様」の人気（一〇・一六「郵便報知」）、○西郷魔王となる（一〇・一六「大坂日報」）、○山猟り姿の西郷、愛犬をつれて、吹上御苑に伺候（一〇・一七「郵便報知」）、○**西郷鎮台兵の強さに驚く―全国皆兵可能**（一〇・一七「郵便報知」）、○賊魁西郷を梟首にせざる所以（一〇・一九「東京曙」）、○捕虜降服人所刑者、各府県へ割当引渡（一〇・二〇）、○西郷用兵の妙、其の比を見ず、而して人心把握の徳望は其上に出づ（一〇・一三「東京曙」）、○**池辺吉十郎捕縛始末**（一〇・二四「西京新聞」）、○**恐るべきは只逸見（辺見）十郎太のみ**（一〇・二四「大坂日報」）、○其の挙其の心に非ざるを知り、吾、君の心を悲しまざるを得ず、山県参軍より西郷に送れる書（一）（一〇・二四「朝野」）、〇山県参軍より西郷に送れる書（二）（一〇・二五「朝野」）、〇西郷の身代わり五人、等しく腕に古傷までつけて（一〇・二五「大坂日報」）、〇戦費の過半は九州に落ちて物価却て騰貴（一〇・二五「郵便報知」）、〇従軍賞功の取調（一〇・二五「郵便報知」）、〇西郷菊次郎無罪（一〇・二六「郵便報知」）、〇四人がゝりで運ぶ、西郷の首無し死骸（一〇・二六「大坂日報」）、〇薩摩婦人の意気（一〇・二六「大坂日報」）

一一月 〇谷干城・三浦梧楼（第三旅団長）等凱旋、直に参内して戦況を奏上す（一一・二）、〇薩賊発行の紙幣、政府で引換か（一一・二「輿論新誌」）、〇**池辺吉十郎斬罪**（一一・六「郵便報知」）、〇**池辺吉十郎自若（平常と同じ落ち着き）、石井は腰を抜かす**（一一・六「西京新聞」）、〇西郷菊次郎放免（一一・六「西京新聞」）、〇大隊長小林新助、逃亡して捕はる（一一・六「西京新聞」）、〇鹿児島の賊徒、編制及死傷統計（一一・一一「朝野」）、〇征討将士行賞（一一・一二）、〇招魂社へ五千人合祀（一一・一九「郵便報知」）、〇「西郷隆盛」上演（一一・二六「郵便報知」）、〇鹿児島戦役に於ける戦時・平時の分界日（平定は九月二十五日、平時・戦時の区分は二十七日を以て限界）（一一・二六「郵便報知」）、○各鎮台へ勅使差遣、鹿児島戦役出征将士御慰問の為（一一・三〇「郵便報知」）

一二月　○藤田東湖の門に入った西郷吉之助（一二・一「郵便報知」）、○西郷茶の流行（一二・四「読売」）、○隆盛墓前の休憩所、未亡人（西郷イト）が建立（一二・六「郵便報知」）、○鹿児島賊徒中の娘子軍（一二・二二）

明治一一年一月以降　**○後年重大の問題となりし、乃木聯隊の軍旗紛失事件**（一・八「朝野」）、○乱後の鹿児島を観る（二・二）、○西郷の隠れ穴（二・九）、**○鹿児島・熊本両県下、士族の集会禁止**（二・一九「朝野」）、○鹿児島の俗謡、依然西郷讃美（二・二三「朝野」）、○西南戦争死傷者数（二・二六）、○地租改正で朝廷の仁政が判り「西郷に欺された」と後悔（四・四）、○各劇場西南劇の流行（四・九「朝野」）、○篠原国幹（薩軍）の死骸改葬（四・一一）、○大山綱良の墓碑（四・一二「朝野」）、○西郷の死骸改葬（五・四）、○賊徒の遺骸改葬―出願続出（五・九）、○鹿児島市静謐、巡査も銃剣廃止（五・一一「朝野」）

おわりに

随分精選したつもりでしたが、当時の新聞は刻々と変わっていく西南戦争の戦局をどのように報じていたのかを知ってもらいたい気持ちが強く、こんなに煩雑な「見出し」の列記になってしまいました。さぞ読みにくかったでしょう。申し訳なく思っています。

これらの新聞記事は日本で最初の「戦局報道」です。前掲の「見出し」から、「東京日日新聞」の福地源一郎（桜痴）と「郵便報知新聞」の犬養毅（木堂）の二人の従軍記者による「報道・特種合戦」の様相を呈していた感があります。

福地源一郎は明治七（一八七四）年に「東京日日新聞」の主筆（後に社長）となり、

明治一〇（一八七七）年三月には西南戦争の特別従軍記者として来熊、田原坂での激戦開始と同時に田原坂からの戦闘状況を「リアルタイムのスクープ報道」として記事化しています。徳富蘇峰は、その福地の記事を読んで感激、新聞記者になる決意を固めたとも言われています。

福地の記事は田原坂激戦の報道だけで終っていますが、一方、犬養毅は福地より一ヵ月遅れた四月から、従軍記者として田原坂・木留・山鹿・宇土口・八代、さらに「薩行日記」と続き、鹿児島戦報・城山陥落まで、西南戦争の一部始終を執拗に追い続けた報道をしています。両紙の違いを読み取り、分析すれば面白いと思います。

この他にも、各「見出し」の記事内容を丹念に調べていけば、まだまだいろいろ興味あることに出会うこと請け合いです。是非挑戦してみてください。

西南戦争と熊本関係三話

はじめに

西南戦争は、明治一〇(一八七七)年二月一四日に西郷隆盛の指揮する薩軍の挙兵によって開始し、二二日に谷干城の籠城する熊本城に総攻撃をかけましたが、すでに一九日には熊本鎮台が熊本城を自焼するなどの抗戦に遭遇することになりました。薩軍は熊本城落城も覚束ないまま、三月四日には南下する政府軍と田原坂で対峙、三月二〇日までの攻防戦が続き、ついに薩軍は敗北してしまいました。

この間の三月一四日、政府は熊本城包囲の薩軍を背後から攻撃するために、黒田清

図1　西南戦役作戦経過要図
（明治 10 年 2 月 14 日～ 9 月 24 日）

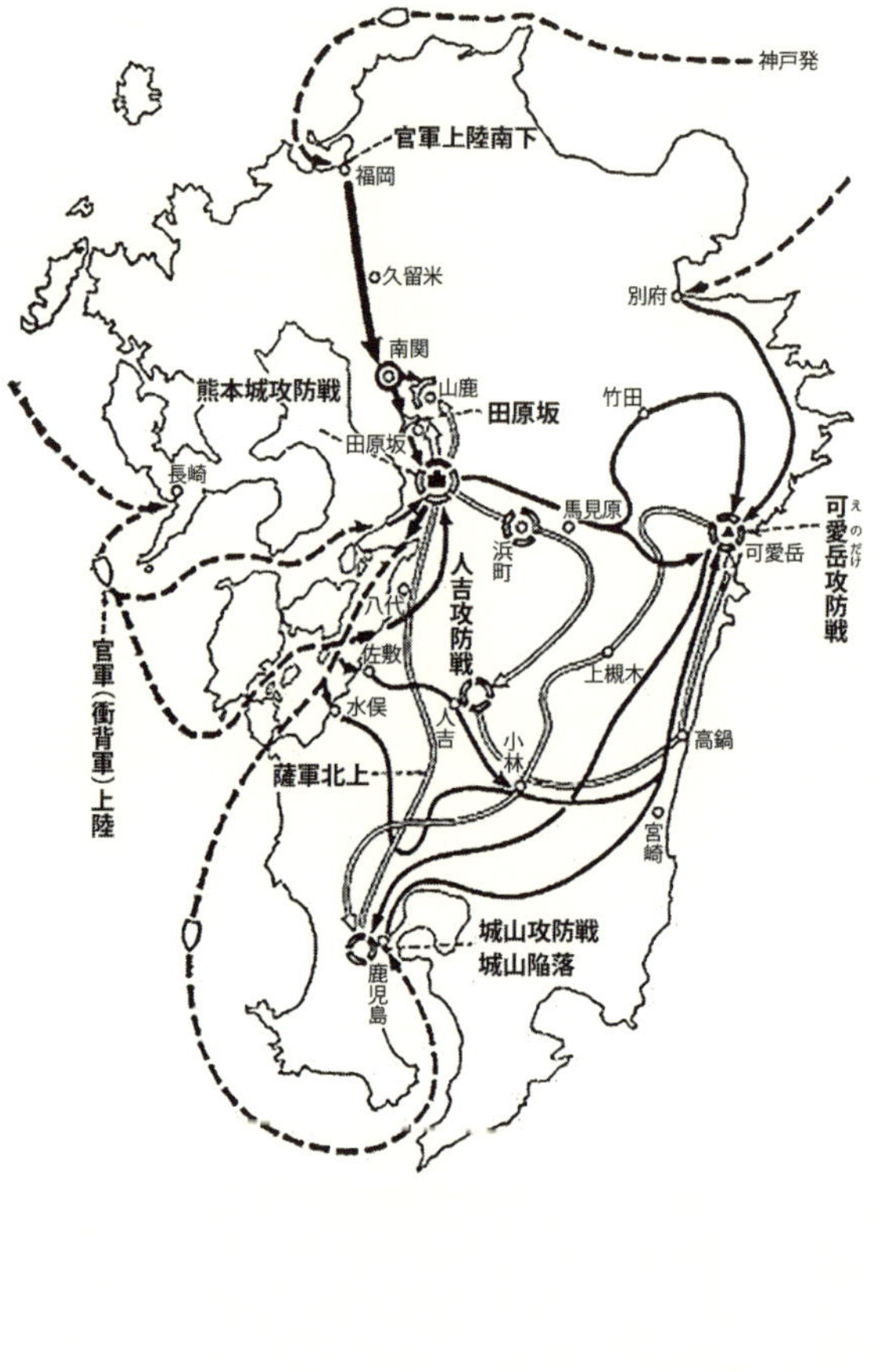

隆に衝背軍の編成を命じ、一九日には日奈久に上陸した高島鞆之助の衝背軍と合流し、八代に進撃しました。

山田顕義・川路利良の政府軍も八代に上陸し、この衝背軍の北上によって、熊本城包囲の薩軍は、南北からの政府軍による挟み撃ちの状態になりました。西は有明海にはばまれ、敗走の道は東方面の九州山脈しか残っていませんでした（図1）。

この西南戦争の戦場となった熊本の出身で、明治天皇の侍講であった元田永孚は一体どんな作戦を提案し、また旧藩主・細川護久は旧藩士らに対して何を勧告したのか、さらに熊本城はなぜ炎上したのか、その諸説について見ていきたいと思います。

一、元田永孚と西南戦争

西南戦争の作戦に、熊本の地形などを事細かに説明し、また衝背軍による作戦を提

写真1　元田永孚肖像
（明治21年）

案したのは、当時天皇の侍講（三等侍講兼二等侍補、明治一〇年九月一五日付で二等侍講兼二等侍補）であった熊本出身の元田永孚（写真1）でした。

1、作戦提案

元田永孚著『還暦之記』に、元田は「木戸（孝允）顧問ニ対シテ、肥後ノ地形ヲ論ジ、其田原坂ノ嶮敵ノ表面ヲ突クノ難キヲ犯サンヨリ、南方八代・宇土ノ平衍（まま、平遠、土地がたいらで、遠くまで眺望がひらけているさま）敵背ヲ襲フノ勝（戦勝）ヲ制シ易ク、最急ニスヘキヲ陳シタリ」と記しています。

熊本出身の元田永孚が、よく知っている熊本の地形について、木戸孝允に説明した時の話です。木戸たち政府顧問は、政府軍が大砲や多くの兵隊たちで、熊本城を包囲する薩軍を攻撃するには、田原坂の一の坂・二の坂・三の坂を越えるしか、植木台地に重砲類を引き上げる道はないと考えていましたし、薩軍も政府軍の阻止にはこの田原坂と考えていました。

元田永孚は、薩軍の守備する田原坂を突破することが容易でないこと、その困難さを指摘し、田原坂攻撃よりも、最良の作戦として平地の広がる見通しのきく八代・宇土方面に直接上陸する作戦を提案したのでした。

また「此策、太田黒惟信（熊本県民会議長）、亦山田（顕義）少将ニ陳説シ、黒田（清隆）開拓使長官モ茲ニ見アリテ、遂ニ之ヲ用ヰテ、熊本ノ囲後ニ解ケタルナリ」と記し、元田が提案した衝背軍の作戦は、太田黒惟信もまた山田顕義少将に口頭で説明し、黒田清隆開拓使長官はこの時自分の考えもあって、この作戦に賛同したために採用され、これが薩軍の敗北の端緒となり、熊本城包囲が解けたと記しています。

また元田永孚は「其始メ熊本ノ長囲困難ヲ報スルノ日ニハ、三條（実美）大臣ニ説クニ、親征ヲ聲《のべ》（宣言すること）ラシ（まま、レ）、錦旗ヲ広島ニ翻ヘシテ、官軍ニ兵気ヲ添フルノ略（戦略）アランコトヲ以セリ」と提案しています。

元田は薩軍の熊本城包囲が長期化し、その対応が困難だと報知された日に、三條実美に対して、「天皇の親征を宣言し、広島に大本営を設け、官軍の士気を鼓舞する作戦」が有効であると提案しています。これは対外的な日清・日露戦争での大本営設置に繋がる提案ともなりました。

また「此時ニ當リ、日々宮中ニ祇候（ただひたすら仕えの意か）シ、侍講ノ務無ク、熊本捷報（戦勝報告）ノ至ルヲ待テ、電信（電報）ノ至ル毎ニ與ニ共ニ集テ、之ヲ看、戦略ヲ談シテ、日ヲ終ル而已《のみ》」、即ち西南戦争中の元田は、毎日宮中に参内したが、侍講の仕事もなく、宮中は落ち着かず、ただ熊本からの戦勝の電報を待ち続け、電報が到着するたびに、一緒になってこれを見て、戦略を話し合って一日過ごしていた様子がわかります。

そして「四月十四日ニ至リ、熊本囲解クルノ電報始テ至ル。満宮賀聲ヲ發シ京中歓欣ス」、即ち四月一四日に、政府軍の山川浩隊による熊本城入城の電報が到着すると、宮中全体に歓喜の声が上がり、東京市民も大いに喜んだ様子がわかります。

元田が『還暦之記』に記したこれらの文面からは、元田の提案した「南方八代・宇土ノ平衍敵背ヲ襲フノ勝（戦勝）」や「親征ヲ聲《のべ》ラレ、錦旗ヲ広島ニ翻ヘシテ、官軍ニ兵気ヲ添フルノ略（戦略）」が、政府軍の戦勝をもたらしたと言わんばかりの誇らしさが垣間見られます。

推測の域を脱しませんが、前述したように元田永孚が西南戦争での城山陥落直前の九月一五日に、一等あがって二等侍講兼二等侍補に昇進したのは、この論功行賞だったのかもしれません。

2、漢詩集『閑適吟稿』の「復古詠史十首」より

その元田永孚（東皐野隠と号す）の漢詩集『閑適吟稿』（熊本近代史研究会編『近代熊本』第三二号、二〇〇八年一二月、拙論「史料紹介」参照）には全二八首のうち「復古詠史十首」（戯作）が所収されています。

幕末・維新期の一〇人（西郷隆盛・大久保利通・小松帯刀・後藤象二郎・木戸孝允・副島種臣・大木喬任・三岡八郎〔由利公正〕・鮫島尚信・横井小楠）を詠じたものですが、こ

こでは西郷隆盛を詠じた七言絶句の漢詩を紹介・試読してみました。

萬死在前輕似毛　　萬死前に在れども、輕きこと毛に似たり
挽回天日頼君労　　天日を挽回せしは、君が労に頼《よ》る
功成梅一無餘念　　功成りて、梅一つに餘念無し
脱却當年戦血刀　　脱却して、當年血刀を戦ふ

この大意は、西郷隆盛は「万死」(何度も死ぬこと)に直面しても一向に頓着しなかった。幕末にあっては尊王の志士として「王政復古」や「戊辰戦争」など、朝廷のために尽力し、明治新政府の樹立は西郷隆盛の尽力・功績によるものであった。明治政府の基盤作りをした後、余生の日々は「梅」一途の趣味三昧であった。しかし、その明治政府に反旗を翻し、遂に「当年」、即ち明治一〇(一八七七)年の西南戦争に戦い破れたというのでした。

漢詩には「當年」とあり、その意味は「本年、今年、またはその年、過去のある時」などがあります。普通ならば「當年」は「本年、今年」、即ち明治一〇年と解されますが、「復古詠史十首」(戯作)の中に所収されていますので、「當年」を「その年、過去のある時」の明治一〇年と解することにしました。作詩の時期は明治一〇年以降となります。

二、熊本での二つの「士族の反乱」

高校日本史の教科書では、「士族の反乱」について佐賀の乱・神風連の乱・秋月の乱・萩の乱、そして西南戦争と時代順に記述されています。これらの士族の反乱がすべて九州・山口の地域で起っているのは何故でしょうか。これは士族の反乱を考える上で、この地域性は非常に大事な歴史的解明の視点になると思っています。

1、神風連（敬神党）の乱

前の四つの「士族の反乱」のうち、佐賀の乱を除いた神風連の乱・秋月の乱・萩の乱は、熊本での神風連の乱が秋月の乱や萩の乱を誘発・連動した士族の反乱でした。その発端となった神風連の乱は、明治政府の旧幕的武士の特権であった「苗字帯刀」を剥奪し、新政府が廃刀令・断髪令などを実施したことを機に起った不平士族の抵抗であり、「守旧的反政府運動」でした。

2、反政府運動の「言論抗争」と「武力抗争」の乖離

「士族の反乱」の中でも西南戦争は前の四つの士族の反乱とその様相が違っていました。その経緯の概略は既に見てきましたように、西南戦争の主導者・西郷隆盛が、明治政府の「洋行派」に「征韓論」は時期尚早として、西郷隆盛の遺朝中止・延期になったことに反発した「征韓論政変」に端を発した反政府運動でした。

同じ「征韓論政変」を契機とした板垣退助らの反政府運動は、明治七（一八七四）

年一月には「民撰議院設立建白書」を提出し、翌八年二月には全国的な愛国社を組織・発展させ、有司専制（薩長藩閥政府）批判や憲法制定（私擬憲法）・国会開設の要求など、やがて自由民権運動という「言論抗争」の様相を呈していきました。

西郷隆盛と板垣退助の反政府運動は同根だったはずでしたが、西郷隆盛主導の反政府運動は、西南戦争という「武力抗争」の形をとり、板垣退助らの愛国社による「言論抗争」とは全く異質なものになってしまいました。両者は「征韓論政変」を機とした革新的反政府運動の可能性を十分内包していました。しかし、結果的にはまったく「異相」なものとなりました。一体どこに原因があったのでしょうか。

板垣退助の場合は前述したようなきちんとした運動理論と目的を持っていましたが、西郷隆盛の場合はその点が乏しく、蜂起の理由も「今般政府へ尋問の廉《かど》有之」の一言であり、明治政府に何を尋問したかったのか判然としません。

前掲の『新聞集成明治編年史』第三巻には、板垣退助の「西郷の挙兵は大義名分を欠く」との痛論が所収されていますので紹介したいと思います。しかし、その批判の根

拠は政府側の情報によるものでした。（　）内は引用者註

西郷の挙兵は如何。板垣君一笑して答えて曰く、（略）彼が今回の挙たるや大義を失い名分を誤り、実に賊中の賊なる者にして、前の江藤（新平、佐賀の乱）・前原（一誠、萩の乱）が輩より数等の下級に位せり。如何となれば彼輩両人の如き、乱賊たるは無論なれども、其の事を挙るや、一は口を征韓に藉《か》り、一は言を佞官《ねいかん》（口先だけの官僚）・賊吏を除くが為め、闕下《けっか》（天皇の御前）に諫死《かんし》（死を覚悟していさめること）するに託す。而るに彼西郷は刺客（ボウズヲシサツセヨ）云々の件を偽造し、強いて之によって事を起す。到底一身一己の為にするに過ぎず。僅かに自己の私憤を発洩せんとして、人を損じ、財を費やし、而して逆賊の臭名を萬載に流すとは呼《ああ》何の心ぞや、最も大丈夫の執らざる所なり云々。

3、旧熊本藩士族らの西南戦争での薩軍参戦

西南戦争も神風連の乱と違う立場の旧熊本藩士族らが、身近に西郷隆盛の影響を受け、「武力抗争」による反政府運動を唱えた士族の反乱でした。具体的には旧熊本藩士族らの「熊本隊」や民権派の「熊本協同隊」が参軍、特に後者は「薩軍の強靭は熊本民権党の応援」（『新聞集成明治編年史』第三巻〔三・一七〕）と言われる程でした。

つぎに紹介する旧藩主・細川護久の「御直書写」の冒頭の「旧熊本藩士族ニ告ク」、それに続く「縣士（熊本士族）之賊ニ投スル者」、そして末尾の「故ニ今此一書ヲ附シ、以テ区々ノ微哀（こまごました哀憐の情）ヲ示ス。庶幾《こいねがわ》クハ、諸子此意ヲ体認（体得）シ、国家一層尽力アランコト肝要（肝心なこと）ニ存候也」の文言は、西郷軍に参軍した熊本藩士族の実態がよくわかります。

もし、この細川護久の「御直書写」に出会わなかったら、それこそ教科書通りの通説的な「士族の反乱」の理解のままであったかもしれません。たった一枚の古文書（「一紙物」）が、歴史の真実をより正確に、かつより深い理解には不可欠ということを実証

する一例となりました。これは古文書を読める者のみが味わえる醍醐味です。

三、細川護久の「御直書写」――「旧熊本藩士族に告ぐ」

その「御直書写」は上益城郡益城町の「水野家文書」にありました。この奥付は明治一〇（一八七七）年七月一四日で、差出人は「御名」、文面からして、旧肥後藩主家の細川護久（一八三九～一八九三）が、旧藩士たちの動揺を抑えるために出したものでした。非常に興味深い古文書ですので、その全文を掲載することにしました。（　）内は引用者注です。【大意】に簡単な解説を付してみました。

御直書写

旧熊本藩士族ニ告ク、今般鹿児島縣賊徒（薩軍）乱入、当縣下古来未曾有之騒

動、傍観坐視スルニ忍ヒス。山海ヲ跋渉シ来テ（諸国を通過して帰熊したことか）、大義名分ノ所在ヲ切（まま、説）諭スルハ、諸子ノ熟知スル處ナリ。

然シテ着縣（帰熊）以前、縣士（熊本士族）之賊ニ投スル者（「熊本隊」）迷頑（かたくなで正しい判断ができないこと）回《めぐ》ラス、於今猶天兵（政府軍）ニ抗敵スルヲ聞ク。我日夜痛心苦慮、奉対　朝廷（朝廷に対し奉り）深ク恐懼《きょうく》（恐れかしこまること）スル處ナリ。

又方向ヲ誤ラスシテ、賊ニ党與（徒党）セサル者モ鮮《すくな》カラスト雖モ、家屋財物一炬焦土（薩軍に家・家財、一家団欒まで焼土となってしまったこと）、老ヲ養ヒ、幼ヲ育スル所ナク、近年士族漸次疲弊（士族の生活苦）ニ赴キ、加フルニ此大災難（西南戦争）ニ遭遇セリ。何ソ夫《それ》不幸ナルヤ。

然レトモ、此際ニ当テハ、各自益々憤興（奮起）シ、務テ力食（生活維持・保全）ノ道ニ就キ、禍ヲ転シテ福ト為ルノ機ヲ得、以テ幾分カ国家ニ報スルノ義務ヲ竭《つく》サンコトヲ企望（ある事を企て、その達成を望むこと）ス。

抑旧熊本藩ノ縁由（由縁）ヲ尋ヌルニ、我祖宗（初代・細川忠利）以来数百年主従ノ親（懇親）、恰モ膠漆《こうしつ》（かたく親しい交わり）ノ如ク、相依相憑《あいよりあいつき》、専ラ忠孝ノ教ニ孜々《しし》（努め励むさま）トシ、時勢変更スルモ、猶遺風（昔から伝わる風習）ノ存セル處アリシニ、凶器一度動キ（この西南戦争で）、遂ニ今日ノ景況（現況）ヲナスニ至リ。

若シ今後猶　朝意（朝廷の考え）ノ在ル所ヲ弁知（道理をわきまえ知恵のあること）セス、世之擯斥《ひんせき》（排斥）スル處トナラハ、祖宗（我が祖先）ニ対シ、亦何ノ面目《めんぼく》アランヤ。我等滞縣（熊本県滞在）已ニ久シ。不日（まもなく）将ニ闕下《けっか》（天皇の御前）ニ赴カントス。城市焦燼（熊本城周辺の焦土化）、士民困厄（県民の苦しみ・災難）ノ状ヲ見テ、恋々（なかなか思い切れないさま）去ルニ忍ヒス。

故ニ今此一書ヲ附シ、以テ区々ノ微哀（こまごました哀憐の情）ヲ示ス。庶幾《こいねがわ》クハ、諸子此意ヲ体認（体得）シ、国家一層尽力アランコト肝要（肝心なこと）ニ存候也。

明治十年七月十四日　　　　　　　　御名（旧藩主・細川護久）

【大意】

旧藩主・細川護久が西南戦争で薩摩軍が熊本県に乱入、いままで体験したことのない騒動になり、それを傍観しておくわけにはいかないので、わざわざ東京から、旧肥後藩士たちに大義名分を説くためにやってきた。皆はよく分かっているであろう。

私が来熊以前、既に薩軍に投じた迷頑な「熊本隊」や「熊本協同隊」などがいたが、残念ながらまだ旧肥後藩士の中には政府軍に刃向かっている者がいると聞いている。このことで自分は一日中心を痛め、毎日苦慮している。朝廷に対して申し訳が立たない。もちろん自らの方向を誤らずに、薩摩軍に加担しない旧藩士も多くいることは分かっている。

この騒動で家屋や家財を失ったばかりか、一家団欒の楽しみまで毀されてしまい、老幼の扶養・養育さえもままならず、近年では明治維新の諸政策で、旧藩士たちの生活そのものが苦境の状況にある上、今度は西南戦争に巻き込まれるとは、何たる不幸であろうか。

この西南戦争の最中ではあるが、各自がますます奮起し、懸命に「力食ノ道」にがんばって、生活維持・保全の方法を見つけ出してほしい。そして禍を福に転じる機会に変え、政府のために報国の義務を尽くし達成してほしいと願っている。

熊本藩主と藩士は、初代・細川忠利以来数百年にわたって非常に親密で、密着して離れることのない、互に寄り添った主従関係を続けてきた。このようにして築き上げた忠孝の教えを守り続けてきた関係は、時代が変わった今でも「遺風」として存続していたのに、この西南戦争で武器を動かしたために、とうとうこのような状況になってしまった。

もし旧熊本藩士族らが、今後朝廷の意向を一向に弁えずに、世間からはじき出されることになったら、旧藩主として祖先にとても顔向けできない。熊本県に来て（二月下旬）随分長くなっているが、やがて天皇のもとに帰ろうと思っている。熊本城とその周辺市街地が焦土と化し、士民の困窮と災難の状況を見ていると、なかなか思い切れず、去るに忍びない思いでいる。そこで、この一書を出して、旧熊本藩士にこまごました哀憐の情を示すことにした。どうか諸君たち皆が私の意図するところを自分のものとし、国家に対し一層協力することが一番大事なことと思っている。

この細川護久の「御直書写」は、西南戦争という非常事態に、旧藩主という地位と立場から、旧藩士たちの明治政府への恭順と離反を食い止める説得工作を試みたものでしたが、この「御直書」の日付は七月一四日、明治一〇年九月二四日の城山陥落の約七〇日前で、薩軍はすでに人吉や宮崎へと後退している最中でした。

この時期にも熊本県内の旧藩士の中には反政府運動的な行動がまだ見られたのでしょうか。もはや熊本県内での西南戦争は終焉に向っていて、この細川護久の「御直書」がどれだけ功を奏したかは分りません。

ただこの七月一四日付の「御直書写」に関して、前の『新聞集成明治編年史』第三巻には二ヵ月早い明治一〇年五月一五日の「東京日日新聞」に「細川護久舊藩士の帰趨を誤らしめず」の見出しで、つぎの記事が収録されていました。この二ヵ月のタイム・ラグの理由は何だったのでしょうか。あるいは同文の「御直書」を再度発したのかもしれません。

〔戦報採録の一節〕細川護久君は此度の変事に際し、肥後の縣士等が方向を誤りて、賊徒に與するを深く憂ひ、既に二月の下旬より西帰し、或は直書を以て大義名分の存する所を説諭して、士族の方向に迷ふものを掣肘し、頗る其の効を得たるが、今また賊徒が悔悟して軍門に降伏せん事を冀ひ、又々これに着手せられしと聞く。実に舊知事にて曾て君臣の舊誼を思ふの切なるを知るに足れり。

また米田虎雄君も征討の官軍西下の初めより戦地にありて、同じく細川君の冀望を助けらるゝが如し。誠に賛称すべきの事どもなり。細川君は先に官軍が熊本に達せしに當り、其の戦労を慰め度とて、清酒百樽を贈呈し、其の後ち病院へ二千円を納め、今また救恤に二万円を出さん事を願ひ出たりと云へり。御聞き届けに相成るか否かは、固より僕輩が知る所にあらねども、重ね々々感心すべき事なり。是でこそ華族の名に恥じざるべしと皆々語り合へり。

四、熊本城の焼失の真因にせまる

1、石光真清著『城下の人』の「熊本城炎上」

石光真清著『城下の人』（中公文庫、一九九一年）には「熊本城炎上」の章があります。原文を引用しながら、その概略を紹介することにします。

熊本城炎上の経過について、明治一〇年二月一八日、「どどんと号砲が三発、続けざまになった」。その翌一九日の正午近く、『お城に火がついたぞ！』と叫ぶ声が聞こえて来た。私はびっくりした。父はもっと驚いて立ち上がった。裏切り者の仕業か、それとも士族連の斬り込みか。熊本城下は一瞬にして魂を奪われた。しかし、まだ薩摩の軍は城下に入っていなかった」と記しています。

石光らは熊本城炎上に関して、その当時は「裏切り者の仕業」か、「士族連の斬り込み」かの二説の推測があったこと、「まだ薩摩の軍は城下に入っていなかった」（川尻付近まで北上）ので、薩軍の付け火ではないと判断していたことがわかります。

熊本城炎上の様子は「おお炎々と燃える天守閣！ 窓から凄まじい火焔を吹いて、強風が黒煙を竜巻きのように、空高く巻きあげ、城下の街々へ火の粉を降らしている！ 強風にあおられて火勢はますますつのるばかりである。暫くすると天守閣全体が、一つの火の塊となって昇天するかのようである」と書いています。

また、城下の人々の間では「何が原因であろうとも、天守閣を焼くとは言語道断、実に怪しからん」と憤慨する者、「馬鹿め、たとえ敵味方に別れても、お城を焼く士族が何処にある！」と怒号する者が共に泣いていたといいます。

「この悲壮な情景は、筆や言葉に尽せない。それもその筈である…慶長十二年、加藤清正の手によってお城が完成されて以来、二百有余年の間、私達の先祖代々が、この城下に生れ、この城を仰いで育ち、この城を守り、この城と共に栄えてきたのである。そして自分たちの宝として誇り、藩主細川公の居城として尊敬してきた名城ではないか。一朝にして焼尽して行くのを目前に見て、嘆き悲しまない者は一人としてある筈がない」と言っています。

2、熊本城の焼失の原因

「熊本日日新聞」（二〇〇二年六月三日付）に、熊本城本丸御殿跡地の発掘調査で、「熊本鎮台本営之印」の出土に関する記事と実物大の印鑑（図2）が掲載されました。この他にも九曜紋の青銅製火縄銃の銃身、徽章や帽子、軍服のボタン、馬具などの発見があり、西南戦争の時に焼失した熊本城と熊本鎮台の実態解明の好機となるのではと

図２　「熊本鎮台本営之印」と刻まれた朱印

期待しています。

しかし、一体どうして、何が原因で熊本城は焼失したのでしょうか。この原因には前掲の「裏切り者の仕業」か、「士族連の斬り込み」の他に、「鎮台の失火説」・「軍略のための鎮台自焼説」や「党薩熊本士族の謀略放火説」、あるいは「近辺市街清野（作戦的焼野の意か）による熊本城類焼説」などがあります。その中でも「自焼説」がやや有利なようです。

富田紘一氏は論文「熊本城炎上の謎を考える」（『熊本博物館報』第一一号、一九九九年）で、その原因究明にせまっています。まずつぎのような文献を引用・紹介しています。

①**『熊本鎮台戦闘日記』（失火説）**

「本日午前十一時四十分、本城火ヲ失ス。偶々西南ノ風烈シク、瞬間四方ニ延焼シ、遂ニ天守台ニ及ブ」

②『**征西戦記稿**』（**不審火説**）
「此火タルヤ其源因ヲ審カニセス」
③『**起誌簿**』（**薩軍間者放火説**）
「十九日月曜晴、午前第十一時本台応接所ヨリ出火。（中略）賊ノ間者ノ所為ナラン」
④『**電報録**』（**不審火説**）
「本日十一時十分鎮台自焼セリ」「今日熊本出火ノコトハ原因糺シ中ナリ。原因ハ未タ詳ナラサレドモ怪シ火ノ由」
⑤『**各地往復**』（**放火説**）
「十九日午前十一時、熊本鎮台本営中四ヶ所ヨリモ出火、尤モ放火ノ見込」
⑥『**熊本籠城戦況**』（**失火説**）
（籠城した杉原歩兵少将の口述）「午前十一時四十分頃当城天守と書院との渡り廊下より火を失しまして御座ります。折柄西南風烈しく吹きすさみ、瞬間に焼け拡がり、遂に天守閣に延焼しました」

⑦『青木規矩男覚書』（自焼説）

（籠城した村上猪源太曹長の聞き書き）「〔谷干城司令長官が〕私に一の天守閣と二の天守閣の床下に藁屑や薪をつめて置け、火をつけろと云ったら直ちにつけろ、と云われたので、炎上の四五日前の夜間、一人で藁や薪を床下に運んで置いた」

⑧橋本昌樹著『田原坂』（自焼説）

児玉源太郎少佐の『熊本籠城談』での火災の状況や自らの体験や行動の記録、出火の時、「竹で地面を叩きながら」火事だ、火事だと叫んで騒いだ男がいたこと、他の資料が「烈風」・「強風」としているのに「ただ幸いな事には風が少しも無かったので、市中に飛火したけれども、別に大した事はなかった」との証言、また児玉自身が重要書類を救出していることなどから鎮台放火説がある。

富田紘一氏はこれらの文献資料から、熊本城炎上については「失火説」・「不審火説」・「放火説」・「自焼説」などをあげた上で、それぞれの記述の信憑性とその問題点を指摘した後、政府宛の電文を論拠に「軍略のための鎮台自焼説」の根拠を見出しています。

また、「籠城用の糧米の自焼」では、従来の糧米保管場所（炊事場と推定）の疑問点として、炭化米が出土していないこと、かつ政府宛の電文の「兵器弾薬糧食及ヒ各兵営等別條無シ」（大山巌陸軍少輔宛）や「兵備ハ厳ナリ。内ニ異状無シ。兵器弾薬其外要用ノ物ニ指支ナシ」（山県有朋陸軍卿宛）などから、糧米の焼失は免れたのではないかと推定しています。

さらに焼失時は、公式的にも「自焼」を認めていた電文が時間の経過とともに、その原因が不明瞭になっていったことから、関係者の自焼隠蔽工作がなされ、公式記録や鎮台中枢部の談話にも統一見解が持ち込まれ、歪曲された可能性が高いと指摘しています。

そしてこの「自焼」作戦は、司令長官・谷干城や参謀長・樺山資紀らが立案し、児玉源太郎が実行するなど「相当に周到な計画」の下で実施されたと結論づけています。

熊本鎮台が熊本城を拠点に籠城作戦を試みた谷干城や樺山資紀らの脳裏には、籠城作戦が瓦解すれば、直ちに薩軍の抗戦拠点になるのを恐れて熊本城自焼作戦を実施したと考えられます。

おわりに

熊本では西南戦争といえば、すぐに激戦地・田原坂のことが思い出されます。現地に立つと、いまだに田原坂の死守作戦の薩軍と突破作戦の政府軍が激突した死闘の戦況を彷彿させられます。政府は、谷干城ら籠城の熊本城を包囲する薩軍を、北と南から挟み撃ちする作戦を展開しました。これにより薩軍は総崩れとなり、後退と敗走を余儀なくさせられました。

この作戦を提案したのは、当時天皇侍講の元田永孚だったことを御存知でしたか。熊本の地形を知っていた元田永孚は、田原坂攻略の難しさを指摘して、八代・宇土方面の平坦地からの衝背作戦を提案したのです。

また、西南戦争には旧士族の「熊本隊」や民権派の「熊本協同隊」が参軍しました。政府は熊本・薩摩の旧藩主に政府への協力の意志を確認しています。その一方、旧藩主・細川護久は「旧熊本藩士族ニ告ク」の「御直書」を二度ほど出しました。細川護久は旧藩主と旧藩士の主従の絆を強調し、薩軍への参軍に苦慮していると説諭、また明治以降の旧藩士たちの生活苦を思いやり、それが西南戦争で一層ひどくなったと同情しています。

さらに『城下の人』から、当時の熊本市街地の民衆が熊本城炎上をどんな思いで見ていたかを紹介しました。昨年四月一四・一六日の熊本大地震で被災した熊本城を見上げる私たちとまったく同じ気持ちでした。

また、熊本城炎上の原因には「失火」・「不審火」・「放火」・「自焼」などの諸説があるなかで、富田紘一説の「軍略のための鎮台自焼」・「政府による自焼隠蔽工作」が一番信憑性があると思っています。如何でしょうか。

「熊本鎮台告諭」と鎮台兵・軍夫の書翰

はじめに

徴兵令による国民皆兵の背景と西南戦争開始直後の明治一〇（一八七七）年三月の「熊本鎮台告諭」の内容について考察します。さらに今から一四〇年前の同年九月二四日に西郷隆盛らが籠城した鹿児島の城山は陥落しましたが、それに従軍した鎮台兵や軍夫が、城山陥落直前および直後の様子を、宿元に生の言葉で非常に克明に書き送った興味深い書翰や天満宮台座銘からの軍夫たちの西南戦争への思いを考察したいと思います。

一、徴兵令

明治政府は政策的な四民平等を実施し、国民に国民皆税・国民皆学、そして国民皆兵の三大義務を課しました。国民皆兵に関して、明治五（一八七二）年一一月二八日付の「徴兵告諭」（全国徴兵の詔）で、「全国四民男子二十歳ニ至ル者ハ尽ク兵籍ニ編入シ、以テ緩急ノ用ニ備フベシ」と告諭しました。

そして、翌六（一八七三）年一月九日には、東京・仙台・名古屋・大阪・広島・熊本に六鎮台を設け、翌一〇日には徴兵令を布告、直に二〇歳以上の男子に三年間の兵役を実施しました。しかし、これには「徴兵免役条項」（表1）が付帯されていました。

明治政府は徴兵令の「免役条項」に「一家ノ主人タル者」やその嫡嗣子や承祖の孫などを入れたのは、血縁的な家制度の存続を第一義としたためです。またこの「免役条項」に該当しない場合は、必ず「兵役の義務」を課しました。一時は兵役に反対する「血税一揆」が群発しましたが、政府は文字通り国民皆兵を断行しました。

徴兵制 1873（明治 6）年 1 月 10 日	
服役年限	常備軍　3 年 第一後備軍　2 年 第二後備軍　2 年
	国民軍　17 ～ 40 歳
免役制	身長 5 尺 1 寸（約 154.5cm）未満者 不具《ふぐ》廃疾《はいしつ》者
	官吏、医科学生 海陸軍生徒 官公立学校生徒 外国留学者
	「一家ノ主人タル者」 嗣子《しし》、承祖《しょうそ》（家の跡継）の孫 独子独孫、養子 父兄病弱のため家を治める者 徴兵在役の兄弟
	「徒《ず》」（懲役 1 ～ 3 年）以上の罪科者
代人料《だいにんりょう》	270 円 上納者は常備後備両軍を免ぜられる
志願制、予備幹部養成	規程なし

（加藤陽子『徴兵制と近代日本』による）

表 1　徴兵免役条項

「兵役の義務」を免除されるには、この「免役条項」に該当することでしたので、それに該当するようにアドバイスする『徴兵免役心得』の冊子まで出回りました。具体的には夏目漱石は大学卒業前に北海道に移籍して一戸を設けて「戸主」となり、社会主義者の片山潜は「他家養子」になって「徴兵のがれ」をしています。

そうしますと、徴兵の該当者は「徴兵免役条項」に合致しない二〇歳以上の男子に自ずと絞られてきます。身体的な条件を除けば、①嫡嗣子（長男）でない「次男以下」、

②「代人料二七〇円」（現在の価値で三〇〇万円以上）を準備できない「貧家、特に貧農の子弟」、③上級学校などへ進学できなかった「不学歴者」が徴兵の対象者となります。以上のことから、その対象者は「二〇歳以上の貧農の次男以下」に集中することになります。西南戦争時に、士族からなる薩軍の兵隊が、徴兵された政府軍の兵隊を「土百姓の兵隊」と揶揄したことは有名ですが、確かに徴兵令の真意をついたものでした。

ところが政府は、明治一〇（一八七七）年六月六日付で、陸軍卿・山縣有朋代理・陸軍少将・井田譲の連名による徴兵令の規定、即ち「免役条項」の変更を通達していました。「東京日日新聞」には「四尺九寸男も服役―戦時の事とて」の見出しで、「達甲第十七號、〇本年徴兵身幹五尺（一五一・五センチメートル）未満四尺九寸（一四八・四七センチメートル）以上ノ者ハ、徴兵令参考第四條ノ列ニ準ジ可取扱筈ニ有之、且又各兵・下士ノ服務期限アル者、並教導団生徒・近衛兵及ビ両役兵ノ兄弟ニ至ル迄、本年ノ儀ハ詮議之次第有之、總テ服役申付候條、此旨相達候事。但召集時日ノ儀ハ所管鎮台ヨリ可相達候事」（六月八日）と報じていました。

また、同紙には「官軍、五万尚足らず」の記事と共に、「補充兵まで悉く入営せしむ」（六月九日）の見出しで、「第六軍管」（熊本鎮台）には直接関係ありませんが、「第一（東京）・第二（仙台）軍管々下府縣」では、前記の連名で「達甲第十六號、○詮議之次第有之、本年補充兵悉皆入営申付候條、此旨相達候事。但入営時日之儀ハ所管鎮台ヨリ可相達候事」（六月九日）を公布しました。このように徴兵令の「免役条項」は必ずしも固定的ではなく、その時々の状況への政府対応によって、かなり自由に変更されていました。

二、「熊本鎮台告諭」

『熊本県大百科事典』（熊本日日新聞社、一九八二年）によれば、明治四（一八七一）年の廃藩置県後に鎮西鎮台が設けられ、明治六（一八七三）年に徴兵令の実施と共に

「第六軍管」が編制され、鎮西鎮台は熊本鎮台と名称が変わりました。創設当時の部隊は歩兵四大隊・砲兵一大隊で、同八（一八七五）年には歩兵十三・十四の二個連隊に改め、砲兵（山砲）一大隊・工兵一小隊となり、歩兵十四連隊は小倉城に配置、その他は全部熊本城に駐屯しました。同一〇（一八七七）年の西南戦争では約三五〇〇人が五〇余日間籠城しました。

つぎの「熊本鎮台告諭」（写真1）は熊本市田原坂西南戦争資料館所蔵の貴重な資料の一つですが、許可をいただき掲載させてもらいました。これは熊本鎮台が明治一〇（一八七七）年三月に「兵員」（鎮台兵）に対して告諭した一二ヵ条からなる軍紀です。

この「熊本鎮台告諭」の対象となる鎮台兵は「二〇歳以上の貧農の次男以下」の者で構成され、前に紹介した明治一〇年六月六日の「達甲第十七號」、戦時（西南戦争）に際しての「四尺九寸男も服役」の召集兵は含まれていません。その釈文はつぎの通りです。但し（　）内は引用者註です。

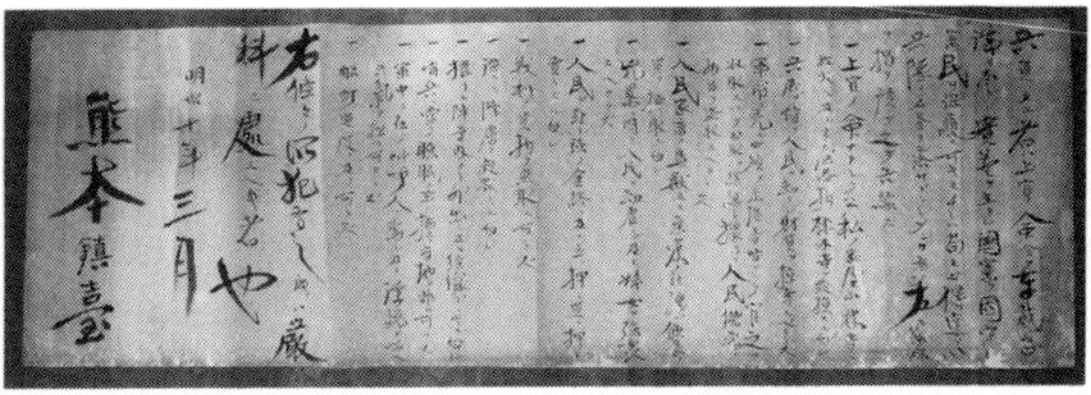

写真１　「熊本鎮台告諭」（熊本市田原坂西南戦争資料館蔵）

【釈文】

兵員タル者ハ上官ノ命令ヲ奉戴シ、忠誠ヲ本トシ、實益ヲ主トシ、國憲ヲ固守シ、萬民ヲ保護ス可キモノナレハ、苟モ心得違ヲ以、兵隊ノ名誉ヲ落サヾラシメンガ為メ、左ニ数條ヲ掲ケ、預《あらかじ》メ之ヲ告諭ス。

一、上官ノ命ナクシテ、公私ノ家屋・山林等ニ放火シ、及ヒ家屋・器物・樹木等ヲ毀損（毀したり傷つけたりしないこと）スル勿レ。

一、兵威ヲ恃《たの》テ人民ヲ却《おびや》カシ、財貨ヲ掠奪スルベカラス。

一、軍用ニ充《あて》ル必須ノ米・塩等、時アツテ官之ヲ収取スルヲ分取（まま、分捕り）ト誤認シ、猥リニ人民儲蔵《ちょぞう》（貯蔵）ノ物品ヲ盗取スベカラズ。

一、人民家畜ノ鳥獣及ヒ菓菜（まま、果菜、果実を食用とする野菜）ノ説《よろこび》、總而飲食ノ資ヲ擅《ほしいまま》ニ取ル勿レ。

一、凶暴ニ因テ人民ヲ却虐《きょうぎゃく》（狂虐、常軌を逸して人を虐げること）シ、及ヒ婦女ヲ強姦スヘカラズ。

一、人民ニ対シ、強《しい》テ金談ニ及ヒ、並ニ押シ買ヒ（無理に買い取る）・押シ賣リ（無理な売りつけ）スル勿レ。

一、戦利ノ貨物ヲ盗取ス可ラズ。

一、濫リニ降虜《こうりょ》（降伏した捕虜）ヲ殺戮スル勿レ。

一、猥リニ陣営内ヨリ外出シ、及ヒ径線（陣地境界の意か）外ニ出ル勿レ。

一、哨兵《しょうへい》（見張りの兵）ニ當テ睡眠シ、或ハ擅ニ守地ヲ離ル可ラス。

一、軍中ニ在テ叫呼《きょうこ》（大声で叫び、大声をあげることとか）、人ヲ驚シ、及ヒ浮説（うわさ・風評）ヲ唱ヘ、兵氣ヲ挫ク可カラズ。

一、酩酊過度ニ及フ可ラズ。

右條々ノ四犯有之トキハ、厳科（厳罰）ニ處スヘキ者也。

明治十年三月　　熊本鎮臺

この「熊本鎮台告諭」は西南戦争の緒戦直後の明治一〇（一八七七）年三月に布告されています。最初に鎮台兵の心得として、①上官命令、②忠誠、③実益、④国憲固守、⑤万民保護の五つを掲げ、かつ「兵隊の名誉」を守るために、一二ヵ条の禁止事項の厳守を命じ、そのうち四ヵ条の違犯者には熊本鎮台として「厳科」に処すると公布しています。

その禁止事項のほとんどは、いずれも「万民保護」を厳守するものです。鎮台兵が「兵威」を笠に着て、各条すべてに「人民」の文言が冠した「公私の家屋・山林等への放火」や「家屋・器物・樹木等の毀損」を禁止し、「財貨の掠奪」をしたり、鎮台の「収取」を誤認した「貯蔵物品の盗取」、「家畜・鳥獣・果菜の掠奪」、「却虐・婦女強姦」、「金談・押売・押買の強要」を全面的に禁止しています。

これらは長州藩の「奇兵隊規則」にある「農事の妨げ」・「農家立ち寄り」の禁止、

地元民のための「小道での牛馬優先」・「耕作地の保護」などに相通じるものがあります。戦争を有利に遂行するには地元の「人民」の協力が不可欠で、それを最優先する姿勢が見られます。

また軍事面では、「戦利品の盗取」・「降虜の殺戮」・「陣営からの無断外出」・「哨兵の任務遂行・守地離脱」・「軍中での叫呼・浮説」には厳罰で対処し、さらに「過度の酩酊」にならないよう鎮台兵の自覚を喚起しています。

「熊本鎮台告諭」の背景と目的は、鎮台兵が徴兵令で徴集された「二〇歳以上の貧農の次男以下」の所謂「土百姓の兵隊」で構成されていたことと大いに関係するのではないかと推測しています。

例えば、これまでの貧農生活では「欲しいものが手に入らず、我慢せざるを得なかった」状況でしたが、鎮台兵となって以来「兵威」をチラつかせるだけで、容易に「人民」の私有物を強奪できると思い込んだのではないでしょうか。

これらに対して、薩軍は私学校中心の「芋侍」でしたが、「郷中教育」を受けた士族たちでした。その薩軍にはどんな軍紀があったのか、またその有無などについての具体的な資料をまだ見出していません。乞御教示。

ただ『新聞集成明治編年史』第三巻の「桐野の制御残酷」（三月一七日）には、西郷隆盛が桐野利秋の「兵卒を御するも頗る惨酷に過ぎ」、すぐに切り殺すので、真剣を取り上げ、代わりに木刀を差させたとの記事があります。

三、鎮台兵の書翰 ― 鹿児島城山の陥落前後

1、大分県出身の熊本鎮台兵・樋口宗蔵の親族への書翰

この書翰は、「熊本近代史研究会報」第三七七号に、新藤東洋男氏が紹介した文書（写真）を試読したものです。「読み下し」ではなく、原文そのままの「釈文」の形で紹介します。但し（　）は引用者註です。

一書申上、遠日（長い間の意）御無沙汰仕。扨去る九月十六日熊本出発、同二十四日鹿児島表え到着。其景況を見るに、賊魁（賊徒の巨魁）西郷隆盛・桐野利秋五六百斗り《ばか》の勢を以て、元私学校の城山に籠り、先熊本鎮台籠城と斉しく、訳けにて其山に籠城を成し、城山嶺頂の廻りに台場を堅固に構へ置候處、官軍は其遥廻に竹垣を三重迄結い、夫れに付、第一線・第二・第三線と取囲み居候處、同二十四日午前第四時より、熊本鎮台始め各旅団の内より、八十名づヽ斗り《ばか》を以て、攻撃を成し、僅に二時間に西郷隆盛・桐野利秋共撃取り、無此戦迄烈敷《はげしく》、官軍に於ても、手負等少し御座候得共、此戦迄に、愈々の修（まま、終）戦と成り、就夫《それについて》各旅団・熊本鎮台共、九月二十八日鹿児島表を出発、十月六日熊本到着。

然るに最早愈の平定に付、一層平常式と成し、就は先是迄戦争苦労の休めとして、同八日より、一週間日曜同様の休暇差許しに相成、猶又七年（明治七年）入営も追々帰村之趣に相成り候間、御一同様にも、此段篤と鎮気して、御安心可被下候。

別に申上度儀も沢山御座候得共、不取敢《とりあえず》右丈けを御報知申上、草々書止。

十月八日　　　　樋口宗蔵

樋口喜内様

尚々申上、何れも不遠帰村に相成候間、左様御承知可被下候、猶又只今承別之取紛（郵便物処理の混乱）に付、類家中（一族の家、親類筋）には一々紙書差上不申候間、畢戦《ひっせん》（終戦）之儀は宜く御伝聞可被下候、猶帰村之上、万々御物語申上度、御推知（推察）可被下候。

熊本鎮台出発から九日目の九月二四日、即ち城山総攻撃の当日に鹿児島に到着、その時の城山に籠城していた西郷隆盛や桐野利秋ら「五六百斗《ばか》りの勢」で、他に「元私学校」の生徒らもいました。この様子を「先熊本鎮台籠城と斉しく」と表現し、自らの籠城の時と比較していますので。この差出人は熊本籠城を体験していたようです。

ついで城山の「城山嶺頂の廻りに台場を堅固に構へ」ていること、それを政府軍が

「其遥廻（遠巻き）に竹垣を三重迄結い、夫れに付、第一線・第二・第三線と取囲み居」と記しています。これは後掲の軍夫・梅田勝三郎の書翰に「城山ノグルリ、出口・入口ハ申すに及ばず、グルリ残らず大竹を以て、四重・五重ニ荒垣をゆい」云々と同じ状況を報じています。

そして「同（九月）二十四日午前第四時より、熊本鎮台始め各旅団の内より、八十名づヽ斗《ばか》りを以て攻撃」と戦闘態勢を記した後、「僅に二時間に西郷隆盛・桐野利秋共撃取」ったと認めています。その戦闘は「無此戦迄烈敷」、即ちこれまで経験したことのない激戦であり、「官軍に於ても、手負等少し」出たが、「此戦迄に愈々の修（まま、終）戦」となったと、その経緯を詳述しています。

さらに城山陥落後四日目に、「各旅団・熊本鎮台共、九月二十八日鹿児島表を出発」、その九日後の「十月六日熊本到着」し、二日後の「同八日より、一週間日曜同様の休暇差許し」になっています。往復の日数はいずれも九日を要したことがわかります。

また「猶又七年（明治七年）入営も追々帰村之趣に相成り」云々から、この鎮台兵の樋口宗蔵は、明治六（一八七三）年一月九日に設置されたばかりの熊本鎮台に、その翌日一〇日公布の徴兵令の規定に従い、鎮台兵（常備軍）に配属され、明治七（一八七四）年に入営、この西南戦争の終結の明治一〇年を以て熊本鎮台を退営すると共に、三年間の兵役を満期除隊ができ、いよいよ「帰村之趣」となったので「安心」してほしいと認めています。

また最後の「御一同様にも此段篤と鎮気して御安心可被下候」の文言は、たまたま西南戦争に遭遇かつ従軍したため、その生還を不安がっていた親族一同に対して、西南戦争の終戦で生還が確実になり、しっかりと「鎮気」（気を静める）し、かつ「安心」されたいと書き送り、さらに「尚々書き」（追伸）ではその喜びを抑えながら認めています。

四、軍夫募集の条件と罰則

軍夫は「軍隊に従属して雑役に従う人夫」・「軍の物資運搬や雑役のために集められた民間人」であり、その身分は士族・町人・農民など区々であったことは十分想像できます。軍夫制度は西南戦争最中の三月一七日に最初に設けられ、採用された者は「軍団輜重《しちょう》本部」に配属されました。

猪飼隆明著『西南戦争―戦争の大義と動員される民衆』（吉川弘文館、二〇〇八年）の引用資料によれば、軍夫は「軍事ノ緊要」で、途中で「約ノ日限」・「無限ノ私情」などにより「実役僅ニ三日ニシテ暇ヲ促ス」ことになれば、「輜重ノ大害」に繋がるとしています。

そこで軍夫募集条件として、最初に①「賃銭」（日給平夫五〇銭→西南戦争時七五銭、二十人長一円→一円五〇銭、百人長一円五〇銭→二円五〇銭）と加給し、②「雇用日数」（五日＋α→一五日±α、後に一〇日限）と規定以上に設定、さらに③「交換帰郷」（軍夫交替）などの条件を提示・納得させた上、軍夫請負人を介して民間人募集をさせています。

このように急遽募集された軍夫にはどのような軍紀があったのでしょうか。軍夫は、前述のように軍団の監視下に置かれ、初めの頃は間諜（間者）・窃盗・逃走などを警戒し、特に脱走には賃金未払いなどの罰則を決めていました。

しかし征討総督本営は、五月一五日に「読法《とくほう》」を公布、「軍夫ハ軍属ト做」し、「徒党」の厳罰、「脱走・強盗・押買・押借金・理不尽ノ金談、其他一切ノ悪党」は「諸々ノ犯罪ハ軍律ヲ以テ処ス」など、「熊本鎮台告諭」の一二ヵ条の禁止項目に類似していました。ただ「熊本鎮台告諭」には、軍夫の脱走・逃走の防止と厳罰主義はありませんでしたが、軍夫はこれによって西南戦争終結時まで「軍属」として拘束されたと思われます。

また「熊本県下予備軍夫召集概則」によると、熊本県庁の人馬掛出張所が募集を代行していました。熊本権令・富岡敬明は七月一八日付の各区戸長への布達で、軍夫は

「身体強壮ニシテ痼疾ナク、物品運搬ノ役ニ堪ユヘキモノ」、「九州地方何国へ発遣セラレ、専レ戦地弾丸飛来ノ場所へ使役セラレルトモ厭ハサルモノ」、「無期限ニテ使役差支ナキモノ」という条件を付けています。おそらくつぎの「軍夫書翰」の差出人も、また引き続き紹介する「薩州政罰軍夫中」たちも、この条件の下で、隈府に設けられた熊本県人馬掛出張所の募集に応募あるいは勧誘された軍夫たちであったかもしれません。

五、軍夫の書翰と記念碑 ―鹿児島城山の陥落前後

1、六大区四小区(現・菊池市木柑子村)の軍夫・梅田勝三郎書翰写（菊池市「松田家文書」）

この書翰は、別働隊第三旅団（旅団長・陸軍少将兼大警視・川路利良、参謀長・陸軍少将・大山巌）の輜重部にいた菊池出身の梅田勝三郎が、明治一〇（一八七七）年九月一

九日に「鹿児島縣城下」より宿元に送ったもので、九月二四日の西南戦争終結の六日前の「鹿児島縣城下」の様子を書き送っています。

鹿児島より一筆啓上仕り候。然らば拙者儀、去る本月（九月）十五日球摩（磨）城下人吉罷り立ち、鹿児嶋縣城下ニ本月十七日午後五時頃着仕り、道中別条無く御用相勤め居り申し候。

扨《さて》僕儀、唯（只）今相詰め居り申し候処、鹿児嶋城下より三里先ニて、別働隊第三旅団（旅団長・陸軍少将兼大警視・川路利良、参謀長・陸軍少将・大山巌）或る方面ノ輜重部《しちょうぶ》（軍隊の軍需品輸送兵科）ニ相詰め申し候。

唯今戦争の模様は、賊人（薩軍）勢ハ凡そ三千人余、鹿児島城後城山と申す山ニ残らず籠り入り申し候処、賊居り申し候山のグルリニて、官軍勢凡そ十万余押し寄せ、十方《じっぽう》（あらゆる方角）・万方《ばんぽう》（あらゆる方面）より大炮を掛け、責め寄せニ相成り申し候。

扨又賊居り申し候城山ノグルリ、出口・入口ハ申すに及ばず、グルリ残らず大竹を以て、四重・五重ニ荒垣をゆい、尤も海軍勢、軍艦・蒸気船ニて、鹿児嶋海(錦江湾)ニて十四・五船押し寄せニ相成り申し候。尤も海より責め寄せニ相成り、今日迄十五日昼夜大戦ニて御座候。

併し乍ら、唯今ハ賊勢の者毎日毎日降参百人・弐百人完《ずつ》之れ有り申し候ニ付、迚も最早戦争の儀は、至急ニ片付き申すべきと相考え居り申し候。(略)拙者御用筋も　御上え不都合之れ無き様、謹んで屹《きっ》ト相勤め居り申し候ニ付、陸軍少佐高岡(別働隊第三旅団所属か)様より追々御詞の御褒美承り、有り難き仕合《しあわせ》ニ御座候。

(略)

且つ又当地広キ鹿児島なれ共、官軍勢、人夫共ニ凡そ弐・三十万人、残らず入り込ミ、責め寄セ申し候ニ付、私共宿致ス所も御座無く候。野も山も官軍勢計《ばか》りニて、鹿児島の者共恐れ入り、百姓・町人残らず逃げ去り居り申し候。

尤も士族の者共も、一寸私共ニても道中ニ逢ひ申し候節ハ、官軍様と敬イ、道

ニもよけて通ル程の私共勢ニ御座候間、于今《いまに》中々面白キ御用相勤め居り申し候程の仕合ニ御座候。（略）

何様今二十日の内ニハ、屹ト戦争夫々片付き申すべき模様ニ候。（略）拙者国元へ帰宅致す儀ハ、何様旧（旧暦）九月中頃（新暦十月中旬）迄ニハ、弥《いよいよ》以て引き取り申すべき心組みニ御座候間、左様御承知下さるべし。（以下略）

明治十丁丑年九月十九日　　鹿児島縣城下ヨリ　梅田勝三郎

西郷隆盛が立て籠もった城山には薩軍三〇〇〇余、包囲する政府軍は一〇万余、さらに城山への錦江湾からの艦砲射撃など「十方・万方より大炮を掛け」、『グルリ残らず大竹を以て、四重・五重ニ荒垣」で、下山不可能の様子や政府軍を恐れて逃亡する「百姓・町人」、さらに軍夫にさえ「官軍様と敬イ、道ニもよけて通ル」薩摩士族たちの様子などは、従来の資料には見られなかった鹿児島県人の動揺した姿を実写され、前の「鎮台兵書翰」以上の内容です。鹿児島での西南戦争の終焉時の状況とその真相を十分垣間見ることができます。

この手紙の差出人の梅田勝三郎は、六大区四小区（木柑子村）出身でした。引用部分では省略していますが、鹿児島での同じ輜重部には、五大区十小区(山本郷宮原村)の士族・中小田貞起や木柑子村の佐々木持法がいて同宿していたことが書かれています。梅田と佐々木持法は同じ木柑子村の出、士族・中小田貞起は近くの植木町宮原出身であり、後述のように軍夫一組は地域的に近隣や同郷人で構成されていたようです。また、この軍夫の手紙からして、軍夫にはかなり教養のある民間人も多数いたことの証となるでしょう。

2、天満宮台座奉納碑「薩州政罰軍夫中」

山鹿市来民町の県立鹿本農業高校近くに金凝宮《かなごりぐう》(日置《へき》神社)があります。この神社の西には、古代の製鉄工房で有名な「方保田東原遺跡」があり、その鍛冶の神を祭った神殿であったのではと推定しています。後には阿蘇神社の一つ「阿蘇十二社」となり、

写真２　天満宮台座奉納「薩州政罰軍夫中」

江戸期には阿蘇修験者（山伏）の北回り峰入りのコースとなっていました。

　金凝宮の鳥居をくぐって境内に入ると、右側に天満宮の鳥居と石祠（写真２）があり、その台座には［表］に銘、［裏］に軍夫二〇人の氏名が刻まれていました。

　彼らは地元日置の住民で、「薩州政罰（まま、征伐か）」に参加した「軍夫中」が無事生還、その証として、西南戦争終結の九月二四日から、まだ何日も経っていない「明治十歳丑十月吉日」に、天満宮（石祠）の台座を新しく造立・奉納したものと思われます。

［表］㊨　明治十歳丑十月吉日

奉寄進
㊧　薩州政罰軍夫中
［裏］　西村四郎・吉富恒三郎・前川勝平・同宣次・野口権七・池田芳平・内村利平・同勝太郎・同徳平・同春太郎・村上長吉・同万蔵・同辰三郎・岡本辰三郎・林田友平・竹下仁平・水足仙三郎・同次平・高橋貞平・同方八

以前にも菊池市内の氏神社で、西南戦争の戦闘場面を描いた立派な「絵馬」が奉納されていたのを見たことがありましたが、その日付も「明治十歳丑十月吉日」だったと記憶しています。いずれも軍夫が「薩州政罰」と無事生還を記念して、産土神社（氏神様）に感謝・奉納したのでしょう。

この金凝神社の石祠の「薩州政罰軍夫中」二〇人は、西南戦争の際の軍夫募集に自ら応募したのか、あるいは募集請負人に勧誘されたのかはわかりませんが、台座裏の軍夫二〇人の関係が妙に気になっています。

水野公寿氏によれば、軍夫一組の最小単位は二〇人で、それに小頭（二十人長）一人が付き、五組ごとに「百人長」が一人付いて構成された組織ということです。そうすると「軍夫一組の最小単位」の構成員の可能性もあります。おそらく軍夫一組二〇人のすべてが、この地元出身者で構成され、一緒に行動し、一人も戦死することなく無事に地元に生還した「明治十歳丑十月吉日」にこだわって造立日としたのかもしれません。

この軍夫二〇人の名前には、やたらと「次郎」や「三郎」の名が多く、その家の次男・三男坊でしょう。前述した徴兵該当条件が適用されなかった者、また表1の「国民軍」（一七歳～四〇歳）に該当しない「二〇歳未満の次男以下」であったのではないかと推測しています。

おわりに

明治政府の「四民平等」の実施は、国民に国民皆税・国民皆学・国民皆兵の三大義務を課し、富国強兵の政策を具体的に実行するための基盤作りにありました。

政府は国民皆兵を具体化するために、明治五（一八七二）年一一月に「徴兵告諭」（全国徴兵の詔）を出し、翌六年一月九日には、東京・仙台・名古屋・大阪・広島・熊本に六鎮台を設け、一〇日には徴兵令を布告しました。

徴兵令には二〇歳以上の男子に三年間の兵役を課す一方、「徴兵免役条項」が付帯されていましたが、この条項に合致しない「二〇歳以上の貧農の次男以下」だけが徴兵の対象となりました。

西南戦争時に、薩軍の士族兵が政府軍の徴集兵を「土百姓の兵隊」と揶揄したのはその真意をついていました。おそらく「熊本鎮台告諭」の一二ヵ条の禁止事項は、鎮台兵が「土百姓の兵隊」による構成であったことを物語っています。

また、軍夫は徴兵とは異なり、軍隊に従属し、軍の物資運搬や雑役に従う人夫として、軍夫請負人を介して集められた士族・町人・農民などの民間人でした。

西南戦争中は軍団輜重《しちょう》本部に配属され、やがて征討総督本営は、「軍夫ハ軍属ト做し、脱走・逃走などを禁止、西南戦争終結時まで「軍属」として拘束されていました。

熊本鎮台所属の鎮台兵は勿論、軍夫も「軍属」として鹿児島征討部隊の一員として参軍し、西郷・薩軍の城山陥落時まで行動を共にさせられたことの状況が、彼らの生家への書翰からよく知ることができます。

また、生還した来民町の軍夫二〇人が、天満宮の台座を奉納し、そこに刻んだ「薩州政罰軍夫中」の銘には、一体どのような思いが刻み込められているのでしょうか。

あとがき

本著を一読されて、どのような感想を抱かれたでしょうか。専門家とその研究スタイルがかなり違うと感じられたのではないかと思っています。専門家の研究対象にならない部分も、西郷隆盛の人物像を知る上で大切だと思っています。

「薩摩西郷氏」の遠祖と出自は「肥後西郷氏」であったことは、これまで植田均などによって言われていましたが、それを具体的な関係文書によって明らかにしてみました。

西郷隆盛の変名「菊池源吾」は、現在、菊池市では「菊池は吾が源」の意として、「町おこし」に活用されています。しかし、隆盛はいくつもの変名の中から、何故「菊池源吾」を選んだのか、その動機や理由がいまでも曖昧なままになっています。

安政四（一八五七）年一一月、西郷隆盛は熊本の長岡監物の所に滞在し、監物や実学連と懇談し交流しています。その時、隆盛は一行と共に「肥後西郷氏」の出自地（現・七城町西郷）を訪問、この「実体験」が強烈な印象となり、「菊池源吾」の変名を思いつき、奄美大島龍郷での流謫の三年間使い続けたと推測しています。

また、西郷隆盛は大の写真嫌いで、肖像写真は一枚も撮らなかったようですが、有名な「フルベッキ群像写真」の中央に写っているとして、歴史家・肖像写真家や画家などが、その真偽を巡って議論となりました。〝佐賀藩・致遠館生徒説〟が最も信憑性があり、その論拠をあげてみました。また、大分県日田市の専念寺住職・平野五岳が描いた「西郷隆盛の肖像画」についても論じました。

「西郷隆盛余話あらかると」では、隆盛の親友・盟友・周辺人である長岡監物・横井小楠・坂本龍馬・中岡慎太郎・勝海舟などの「西郷隆盛評」を通して、その人となりを複眼的に紹介しました。

西南戦争に関しては、まず「奄美大島・龍郷紀行」の中で紹介した江藤淳氏の「西郷隆盛は、最初から勝つ気が無かった」との問題提起を念頭に置き、具体的に西南戦争の経過を、当時の新聞記事の「中見出し」「小見出し」で追ってみました。

そこには、西郷隆盛の挙兵や行動を厳しく批判しながらも、一種の寛容さが垣間見られました。特に戦後の「西郷人気」から、当時の庶民たちには西郷隆盛への「判官びいき」があり、賊軍感覚の希薄さを感じました。

その他、西南戦争と熊本関係三話では、元田永孚の田原坂作戦提案と漢詩を取り上げ、旧藩主・細川護久の「御直書写」―「旧熊本藩士族に告ぐ」に触れ、熊本城炎上の自焼説が有力なことを紹介しました。

さらに「熊本鎮台告諭」を通して、鎮台兵は「土百姓の兵隊」で編制され、軍夫の「軍属」化にも触れ、最後に城山陥落前後の状況を、彼らの書翰から、その生の声を取り上げてみましたが、如何だったでしょうか。

最後に、拙著の刊行にあたり、全面的に御協力いただいた熊本出版文化会館の廣島正・中村茉奈美両氏に、この場を借りて感謝の意を表します。また掲載写真の中にはインターネットからの借用もあり、併せてお礼申し上げます。

二〇一七年三月

熊本郷土史譚研究所・熊本横井小楠研究所長　堺　克彦

著者プロフィール

文学博士　**堤　克彦**（つつみ　かつひこ）

1944年、福岡県八女郡立花町生まれ。1967年、同志社大学文学部文化学科卒（日本文化史・日本民俗学専攻）、熊本県立高等学校教諭（38年間）社会科。2006年、熊本大学大学院社会文化科学研究科・博士課程修了文学博士号取得、元熊本大学非常勤講師。現在、熊本郷土史譚研究所・熊本横井小楠研究所長、菊池女子高校講師・各種講座講師（熊本・菊池などの郷土史、論語・古文書など）。

【主な研究テーマ】

横井小楠・長岡監物、肥後実学・時習館学・教育史、論語・李退渓・魏源、近世・近代思想史、近世古文書、地域史（全時代）、日韓交流史、日本民俗学、他に日本古代史など

【著書】

『横井小楠』（西日本人物誌⑪）、『横井小楠の実学思想』（ぺりかん社）、『公の思想家・横井小楠』（熊本出版文化会館）、『郷土史譚100話』菊池編（同）ほか

【論文】横井小楠関係50編以上

西郷隆盛論 — その知られざる人物像

2017年4月10日　初版

著者　堤　克彦

発行　熊本出版文化会館

熊本市西区二本木3丁目1-28

☎096（354）8201（代）

発売　創流出版株式会社

【販売委託】武久出版株式会社

東京都新宿区高田馬場3-13-1

☎03（5937）1843　http://www.bukyu.net

印刷・製本／モリモト印刷株式会社

※落丁・乱丁はお取り換え致します。

ISBN978-4-906897-42-1　C0220

定価はカバーに表示してあります